un récit / des jeux pour découvrir ses classiques

une collection dirig… …nne-catherine VIVET-RÉMY

…IPE

…e-Catherine VIVET-RÉMY

Illustrations

France DUMAS

RETZ
www.editions-retz.com
1, RUE DU DÉPART
75014 PARIS

DANS LA MÊME COLLECTION

Anne-Catherine VIVET-RÉMY

Les Travaux d'Hercule

Les Voyages d'Ulysse

Agamemnon et la Guerre de Troie

Lancelot et la Table ronde

D'Apollon à Zeus, la vengeance des dieux

Romulus et Rémus

Thésée et le Minotaure

Le Roman de Renart

Béatrice BOTTET

Isis et Osiris

Brigitte ÉVANO

Érik et Harald, guerriers vikings

Florence LANGEVIN

Shéhérazade et les Mille et Une Nuits

VALPIERRE

La Chanson de Roland

Anne-Marie ZARKA

Jules César et la guerre des Gaules

Bruno DOUCEY

Moïse

Magali WIÉNER

Jason et la toison d'or

D'après une idée originale de Bookmaker.

Sommaire

Destinée aux enfants de **CM2** et de **6e – 5e**, la collection *Un récit – des jeux pour découvrir ses classiques* assure une passerelle entre l'école primaire et le collège.

Pour bien préparer l'entrée au collège, il est essentiel de faire découvrir aux enfants les **grands mythes** qui sont à l'origine de notre culture et les épopées historiques des **grandes civilisations** du passé.

Les **héros classiques** continuent de passionner enfants et adultes : leurs aventures, en même temps qu'elles font connaître les cultures antiques ou médiévales, retracent, sur un mode symbolique, toutes les situations caractéristiques de la condition humaine.

La collection *Un récit – des jeux pour découvrir ses classiques* propose **des textes originaux**, découpés en courts épisodes illustrés, faciles à lire, complétés par des pages de **jeux** et de **documentation**.

Ces pages permettent à l'enfant de :

- vérifier sa **compréhension du texte** à partir de questions simples mais fondamentales sur l'action, les personnages, le sens des mots importants;
- mémoriser le **vocabulaire** en répondant à des charades, en faisant des mots croisés ou d'autres exercices;
- se constituer un **bagage culturel** grâce aux nombreuses informations qui se rapportent à la civilisation, à la culture, au contexte historique dans lesquels s'inscrit le récit;
- jouer un **rôle actif dans son apprentissage** grâce aux activités sur le texte qui lui sont proposées.

I

Une naissance maudite

TUÉ, ASSASSINÉ PAR SON PROPRE FILS ! Laïos ne pouvait croire que c'était là le destin que lui réservaient les dieux ! Tandis qu'il regagnait Thèbes, les mots terribles du devin lui revenaient sans cesse en mémoire : « Toi qui règnes sur Thèbes aux beaux chevaux, garde-toi bien d'ensemencer le sillon féminin. Si tu engendres un fils, il te tuera et toute ta maison sera trempée de sang. »

Se voyant sans enfant, il était justement parti à Delphes afin d'implorer Apollon de lui donner un fils, la joie d'une maison. Mais ce voyage, loin de lui apporter le bonheur, anéantissait tous ses espoirs. Il était donc le roi de Thèbes, mais la lignée de Labdacos s'éteindrait avec lui... Ainsi le doux ventre creux de Jocaste, son épouse, ne porterait jamais de fruit ! Laïos se sentit sans force. Dans un sursaut, il voulut mettre en doute la prophétie du dieu, mais les mots de colère, nés de son désespoir, moururent sur ses lèvres. Maudit par les dieux, il n'allait pas de surcroît se montrer impie. Apollon n'était-il pas le dieu qui sait tout et dont les oracles se réalisent toujours ?

Dès son retour à Thèbes, Laïos prévint Jocaste : il valait mieux que jamais ils ne connussent la joie de voir grandir un fils. Et lorsque Laïos ajouta : « Cette menace nous empêche de laisser vivre aucun de nos fils, si par malheur les dieux nous en accordaient un… », Jocaste s'enfuit en pleurant.

Neuf mois plus tard, une femme gémissait dans le palais de Thèbes. À ses côtés, dans un berceau, reposait un beau nourrisson dont la sage-femme, une grosse matrone, venait tout juste d'apaiser les pleurs. Avant de partir, elle s'approcha du lit de la mère et caressa ses traits creusés par la souffrance et les heures de veille : « Ne pleure pas, ma fille, rien ne sert de s'opposer à la volonté des dieux. » À peine fut-elle sortie qu'un homme pénétra dans la pièce. La douleur l'étreignit lorsqu'il vit, à la lueur de la torche, le visage paisible de l'enfant. Les sanglots de la femme l'arrachèrent à sa contemplation. Compatissant, il s'approcha et lui murmura :

— Jocaste…

— Mon fils, mon enfant… hoquetait-elle entre deux sanglots.

— Nous ne pouvons faire autrement. Souviens-toi de l'oracle. Cet enfant est maudit : il doit être exposé, pour mourir. Il nous est impossible de le laisser vivre…

— Et si tu avais mal interprété l'oracle ?

— Jocaste, je me souviens de chaque parole. Elles sont à jamais gravées dans ma mémoire : « Si tu engendres un fils, il te tuera. »

À ces mots, la reine Jocaste se tordit les mains et dissimula son visage dans ses bras repliés. Laïos se dirigea alors vers le berceau et se saisit de son fils toujours endormi. Il s'apprêtait à franchir le seuil lorsque Jocaste se dressa sur son lit.

— Que vas-tu lui faire ?

— Le remettre à notre berger le plus fidèle qui l'abandonnera sur le mont Cithéron… Il doit mourir.

Le cri de désespoir de Jocaste suivit longtemps Laïos alors

« Le cri de désespoir de Jocaste suivit longtemps Laïos alors qu'il quittait le palais d'un pas pressé, emportant avec lui le léger fardeau. »

qu'il quittait le palais d'un pas pressé, emportant avec lui le léger fardeau. Aux pieds des hauts murs de Thèbes endormie, le berger l'attendait. L'aube fut seule à entendre les murmures que le roi et le berger échangèrent, seule à voir la lame du poignard briller avant de transpercer les talons du nouveau-né. Elle fut le seul témoin à entendre le cri de souffrance de l'enfant quand la lanière fut passée dans les plaies et seule à voir l'ombre furtive du berger porter l'enfant hurlant sur son dos, comme on porte un jeune chevreau promis au sacrifice.

Le soleil accomplissait sa course dans le ciel et le berger, lui, marchait toujours, sans halte ni trêve. Sa bouche était aussi desséchée que l'herbe jaunie qu'il foulait. Les battements de son cœur résonnaient dans sa poitrine, dans sa tête. Chacun de ses muscles le faisait souffrir dans cette ascension éperdue. Mais cela n'était rien en comparaison de ce qu'il endurait en entendant les hurlements de l'enfant. Combien de fois, pendant cette marche, avait-il supplié les dieux de le faire taire. La tâche que lui avait assignée son roi lui répugnait ; il n'aimait pas faire souffrir. Pourtant il lui avait fallu obéir. Il se hâta encore davantage, se disant que la mort de l'enfant serait d'autant plus rapide que les rayons du soleil seraient plus ardents, et donc sa souffrance moins longue. Mais il songeait aussi qu'il portait sur son dos un étrange enfant : la faim, la soif, la peur, au lieu de l'anéantir, l'excitaient à vivre. N'était-ce pas là un signe des dieux ? Devait-il obéir à Laïos qui voulait sa mort ? ou aux dieux qui le maintenaient en vie malgré les pires souffrances ? Perplexe, le berger s'arrêta. Sans même s'en rendre compte, il était parvenu à son but : le sommet du Cithéron. D'un doux et léger coup d'épaule, il fit basculer l'enfant et le déposa sur la terre brûlée par le soleil. Le nouveau-né hurla de plus belle. À la vue de cet être sans défense, la pitié envahit soudain le cœur du berger qui prit le petit corps sans défense dans ses bras et le berça maladroitement. À cet instant, une flûte retentit dans la montagne et, quelque temps après, la silhouette d'un berger, accompagné de ses chiens, apparut. Quand le nouveau venu fut arrivé à proximité de l'homme et de l'enfant, il s'exclama :

— Ah ! c'est toi ! Mais où est donc ton troupeau ?

— Je l'ai laissé près de Thèbes…

L'enfant couvrit sa voix.

— Te voilà donc père ! Quelle voix ! Il m'a tiré de ma sieste.

— Ce n'est pas mon fils. Mon maître m'a donné l'ordre de le faire disparaître, mais je n'en ai pas la force…

L'homme laissa sa phrase en suspens : une idée venait de s'imposer à lui. Il poursuivit :

— Écoute, prends cet enfant et emmène-le avec toi à Corinthe. Élève-le comme s'il était ton propre fils. Corinthe est suffisamment éloignée de Thèbes pour que le roi Laïos n'en sache rien.

— Marché conclu. Quand tu le reverras…

— Nous ne nous reverrons jamais. Adieu.

— Attends, tu ne m'as même pas dit comment il s'appelait !

— Appelle-le Œdipe, en souvenir de l'entrave qui a meurtri ses pieds.

Sur ces paroles, le berger de Thèbes dévala la pente sans se retourner sur le nourrisson qui hurlait toujours dans le lit d'herbes sèches où il l'avait déposé. Il était déjà loin quand le Corinthien se baissa vers l'enfant. En lui murmurant des paroles d'apaisement, l'homme enleva avec précaution la lanière qui lui transperçait la chair. Puis serrant ce petit corps contre sa large poitrine, il prit le chemin opposé, en direction de la cahute qui l'abritait six mois de l'année, du printemps à l'automne.

— Nous allons te construire un solide petit lit.

Comme l'enfant hurlait toujours, il s'empressa d'ajouter :

— Mais d'abord, nous allons te donner à manger et soigner tes plaies.

Les semaines avaient passé. Le ciel était toujours bleu, mais les arbres se coloraient des premières teintes de l'automne. Il était temps pour le berger de ramener son troupeau dans la plaine. Nourri de lait de brebis coupé d'eau, Œdipe se portait bien et ses plaies avaient cicatrisé grâce aux onguents que le berger lui avait régulièrement appliqués. Oubliant l'horreur des premières heures de son existence, le nourrisson avait appris à s'endormir dans la chaleur rassurante des couches de feuillages et de peaux tannées sur lesquelles le berger s'écroulait après une journée de dur labeur. Il avait émis ses premiers gazouillis en écoutant son père nourricier lui raconter le cours divin des étoiles. Jamais le berger n'avait été aussi heureux ! Chaque jour, il se réjouissait de ce fils que lui avait envoyé le ciel. Il serait le soutien de sa vieillesse !

Mais le temps passant, une idée germa dans son esprit. Simple berger appartenant au roi Polybe de Corinthe, il n'était pas très riche. Il savait qu'un jour viendrait où il sentirait dans ses jambes le poids des ans. Qu'il serait bon alors de ne plus parcourir les plaines caillouteuses, de ne plus gravir les monts arides, propices aux pâturages ! Qu'il serait bon de rester, devant sa maison, assis au soleil sur un banc de pierre ! Oui, mais l'argent... ? Quand bien même il mènerait encore ses moutons aussi longtemps que ses forces le lui permettraient, jamais il ne parviendrait à gagner suffisamment d'or pour acquérir la petite maison dont il rêvait. Seulement maintenant, il y avait Œdipe... Grâce à ce petit être braillard et costaud, et à la récompense qu'il en tirerait, il allait gagner de l'argent, beaucoup d'argent ! Certes, il lui faudrait se séparer du petit, et ce ne serait pas chose facile... mais il se consola en pensant qu'il ne serait pas le seul à être heureux s'il menait à bien son projet... Oui, si les dieux agréaient son plan, c'était un roi, une reine et toute la ville de Corinthe qui seraient en liesse. Cette idée le mit en joie. Il tira sa flûte et dit à Œdipe, emmitouflé près de lui dans une couverture :

— C'est pour toi que je joue, petit bonhomme. Bientôt, tu dormiras dans un vrai berceau, incrusté de nacre, et tu seras vêtu de pourpre. Ce ne sera plus mon visage buriné et brûlé par le soleil que tu verras au-dessus de toi. Ce ne seront plus mes mains calleuses qui te caresseront mais celles... Tu souris, tu ne me crois pas ? Nous verrons bien qui a raison...

Le lendemain, le berger, ayant serré ses maigres hardes dans un sac en peau, fermait la porte de sa cahute. Il poussa quelques cris et aussitôt ses deux chiens, à coups de dents et d'aboiements, se mirent en devoir de rassembler les bêtes. C'était un beau vacarme qui ne réveilla nullement l'enfant que le berger avait solidement attaché sur son dos.

— En route pour Corinthe, petit bonhomme !

Documentation

I

L'exposition des enfants

Dans l'Antiquité, le père avait droit de vie ou de mort sur ses enfants. Dès la naissance, il décidait s'il gardait ou abandonnait le nouveau-né. Le problème de l'exposition se posait à lui lorsque le nourrisson était malade, handicapé ou lorsque la famille vivait dans une extrême pauvreté. Des légendes, comme celle d'Œdipe, mentionnent cette pratique, mais dans les faits, et même si la loi l'autorisait, elle n'était pas très courante. On exposait les filles plutôt que les garçons, parce qu'une fois mariées, elles ne pouvaient pas aider leurs parents devenus vieux.

Traditionnellement, l'enfant était exposé cinq jours après sa naissance. On le déposait, en général, devant un temple, le matin de préférence car il avait plus de chance d'être rapidement recueilli. Emmailloté et déposé dans une corbeille, le nourrisson était couronné en signe d'inviolabilité, et paré de colliers, de bracelets et d'amulettes protectrices, autant d'objets qui permettraient plus tard de le faire reconnaître, car le père conservait sa puissance paternelle et pouvait, à tout moment, revendiquer sa progéniture.

Dans certaines villes, l'enfant était directement porté aux magistrats qui le confiaient à une famille. Ainsi recueilli, il était adopté ou devenait esclave dès qu'il était en âge de travailler.

L'histoire d'Œdipe est tragique non parce qu'il est exposé pour être recueilli, mais parce que Laïos le fait abandonner dans un endroit désert, loin de Thèbes, afin qu'il soit la proie des bêtes sauvages et qu'il meure.

II

Un don du ciel

LE VOYAGE AVAIT ÉTE LONG et le bel été avait cédé la place aux nuits fraîches et aux pluies de l'automne. À cet instant, le brouhaha des faubourgs de Corinthe se substituait au calme des montagnes et de la campagne. Son troupeau en sûreté dans un pâturage à l'extérieur de la ville, le berger s'apprêtait à traverser le quartier des artisans, aux portes des remparts. Il dépassa rapidement les forgerons dont les brasiers activés par d'énormes soufflets en peau de vache l'enveloppèrent de leur haleine brûlante. Le tintamarre des marteaux des chaudronniers réveilla Œdipe qui s'agita dans le dos de son père nourricier. Ce dernier pressa le pas. Il jeta à peine un regard aux foulons et aux teinturiers occupés à retourner, à l'aide de leur fourche, les écheveaux et les étoffes trempant dans d'immenses baquets. Perdu dans ses pensées, il franchit les hautes portes de la ville, oubliant de s'arrêter, comme à l'accoutumée, dans l'une des tavernes de la ville. Il réfléchissait à la façon dont il aborderait son roi. Devait-il dire qu'Œdipe était le fils de Laïos ? Que le roi de Thèbes l'avait exposé ? S'il avouait la vérité, cela ne risquait-il pas de faire hésiter Polybe, son roi ? Il en était là de ses pensées lorsqu'il arriva devant le palais. Vite, il se dissimula dans une ruelle et sortit de sa besace une lourde pèlerine dans laquelle il s'enveloppa, cachant ainsi l'enfant qu'il portait contre lui. Il fallait que personne ne vît Œdipe à partir de maintenant. Avant d'aborder le garde qui était en faction devant le palais, il murmura à voix basse : « Adieu, bonhomme. Une nouvelle vie commence pour toi, et pour moi. Mais tu vas me manquer. »

Quelque temps plus tard, le berger ressortit. Il ne portait plus sa lourde pèlerine et plus aucun fardeau ne pesait sur ses épaules. Le roi Polybe, dont l'épouse ne pouvait avoir d'enfants, venait d'adopter Œdipe. En échange, le berger avait reçu une bourse garnie de pièces d'or. Un sourire radieux illuminait son visage quand il quitta le palais et le garde le vit s'engouffrer dans une des tavernes toutes proches.

À l'intérieur de la demeure royale, la reine Mérope quittait sa chambre. Une servante lui avait fait savoir que le roi voulait lui parler sur le champ. Mais qu'étaient ces cris ? « On dirait les pleurs d'un enfant », se dit en elle-même la reine. Et son cœur se serra. Un enfant ! Que ne ferait-elle pour en avoir un, elle dont la couche était stérile depuis si longtemps ! Sans s'en apercevoir, elle avait hâté le pas. La voici dans le mégaron. Près du foyer central se tenait Polybe, son époux. Mais oui, les vagissements qu'elle avait entendus provenaient bien du tas de chiffons que Polybe tenait dans ses mains !

— Mérope, dit le roi en la voyant s'approcher, les dieux ont enfin exaucé notre vœu le plus cher à tous deux…

Avant même que Polybe ait eu le temps de poursuivre, Mérope s'emparait de l'enfant qu'il tenait, le dégageait de ses haillons et le couvrait de baisers.

— Mon enfant, mon tout petit ! Enfin tu es venu !

— Tu ne veux pas savoir d'où je tiens cet enfant ?

— Tu l'as dit : des dieux ! Vite, il nous faut lui trouver une nourrice au plus tôt ! Comment s'appelle-t-il ?

— Œdipe.

— « Pieds enflés » ? Quel nom étrange !

Quelques heures plus tard, nul n'aurait pu reconnaître le nourrisson qu'on avait subrepticement fait entrer dans le palais. Reposant dans un berceau dont les planches étroitement ajustées appartenaient aux essences les plus rares, vêtu des étoffes les plus soyeuses, Œdipe dormait paisiblement sous le regard attendri de Mérope et de Polybe.

— Mérope, nul ne doit connaître le secret de sa naissance. Dans quelques jours, je le présenterai à notre peuple comme mon héritier.

— Personne ne sera dupe…

— Nous ferons courir la rumeur que sa naissance a été tenue secrète car nous craignions pour sa vie. La fête et les sacrifices organisés en l'honneur de mon fils distrairont vite les plus curieux.

Corinthe était en joie : un fils était né à sa reine. Un fils, ainsi que l'attestait la couronne d'olivier qui ornait la lourde porte du palais ! Que grâce soit rendue à Héra ! Dès l'aube, tous, paysans, artisans, commerçants, esclaves étaient venus se masser devant le palais afin que leur fût présenté l'enfant et que chacun lui remît un présent. Patiemment, ils avaient attendu… Enfin, les lourds battants s'étaient ouverts et le roi Polybe avait présenté à bout de bras le petit Œdipe. Et tous alors s'étaient accordés à voir dans les pleurs puissants de l'enfant le présage qu'il serait costaud et bien portant. Ce fut pourquoi, aux cris du nourrisson, la foule avait répondu par des cris d'allégresse et des éclats de rire.

— Ô peuple de Corinthe, que ce jour soit un jour de réjouissance consacré à Artémis et à Apollon, puisqu'ils ont permis que j'aie un fils qui me succédera sur le trône ! Voici Œdipe !

Après ces quelques mots du roi Polybe, les cris redoublèrent et ne s'éteignirent que longtemps après le départ du roi. Puis les esclaves du palais royal, munis de corbeilles, reçurent les offrandes que chacun avait apportées. La foule se dirigea alors vers les autels où les bêtes allaient être sacrifiées au son des lyres et des aulos[1]. Et dans ces nombreux cortèges, en route vers les autels de la ville, se trouvait un misérable berger. Mais qui pourrait le distinguer dans cette joyeuse cohue? Comme tous ceux qui l'entouraient, son visage était empreint de joie. Pourtant, il apparaîtrait à un observateur attentif que, dans ses yeux, brillait une lueur particulière. C'est que ce berger-là partageait un lourd secret avec son roi : il était à l'origine de ces fêtes, lui pauvre berger...

Pendant les sept premières années de la vie d'Œdipe, le gynécée résonna d'éclats de rire et de gazouillis d'enfant. Il n'était pas rare que les servantes se prissent les pieds dans un petit chariot de bois, dans une toupie que l'enfant avait abandonnés pour se livrer à un autre jeu. Ainsi, comblé, choyé autant par sa mère que par sa nourrice et toutes les servantes du palais, l'enfant recueilli avait oublié le terrible traitement dont il avait été l'objet à sa naissance. Seuls ses pieds en gardaient les stigmates. Mais, dès qu'il en eut l'âge, cela ne l'empêcha nullement de participer aux courses qu'il organisait avec les enfants des servantes dans les cours intérieures du palais, ou encore de simuler des combats avec une épée de bois. À ces jeux actifs succédaient des moments de repos où sa nourrice, le calant sur ses genoux, lui racontait des légendes dans lesquelles les dieux et les héros affrontaient des monstres terrifiants. Au moment des combats, il se blottissait tout contre la généreuse poitrine de sa nourrice, lui demandant invariablement :

1. Aulos : espèces variées de flûtes ou de hautbois.

« ... le roi Polybe avait présenté à bout de bras
le petit Œdipe. »

— Et moi, crois-tu que j'en serais capable?

— Bien sûr! mais tu as le temps, il te faut encore grandir.

— Si je ne suis pas grand, je ne pourrai pas vaincre de monstres?

La nourrice riait en lui répondant :

— Il n'y a pas que la force et la taille qui sont utiles pour vaincre, l'intelligence et la ruse sont tout aussi nécessaires.

— Comme Ulysse, n'est-ce pas?

Quand Œdipe fut âgé de sept ans, son père le convoqua dans le mégaron. L'enfant savait pourquoi, mais il n'en fut pas moins impressionné lorsque Polybe prit un ton solennel pour s'adresser à lui :

— Œdipe, mon fils, tu es arrivé à l'âge où je dois faire de toi un homme. Pour commencer, tu quitteras le gynécée et tu rejoindras l'andron. Chaque jour, tu recevras les cours d'un grammatiste qui t'enseignera la lecture et l'écriture. Plus tard, lorsque la lecture n'aura plus de secret pour toi, tu t'entraîneras à apprendre par cœur des vers et de longs extraits d'Homère, afin de savoir comment un prince doit se comporter. Un second maître, le cithariste, t'initiera à l'art de la musique et t'apprendra à jouer de la lyre et de la flûte. Il t'apprendra également à chanter et à danser.

— M'apprendra-t-on à me battre?

— Bien sûr! Mais plus tard. En attendant, tu auras des cours de gymnastique qui te seront dispensés à la palestre.

Les yeux de l'enfant s'illuminèrent.

— On m'a dit qu'on y enseignait la lutte et la boxe!

— Oui, répondit en souriant Polybe, mais également la course, le lancer du disque et du javelot, le saut en longueur.

— Suis-je obligé d'apprendre à lire? Je préfère vraiment la gymnastique…

Ainsi le père et le fils devisèrent-ils un long moment. Lorsque l'enfant quitta le mégaron, il émanait de sa personne quelque chose d'indéfinissable. À peine fut-il entré dans la salle où Mérope, sa mère, et les servantes s'activaient à filer, que toutes perçurent sa transformation. Elles comprirent, sans qu'aucun mot ne fût échangé, que leur petit Œdipe jamais plus ne se tiendrait à leurs pieds pour écouter les chants dont elles accompagnaient leur ouvrage : il venait d'entrer dans le monde des hommes.

Documentation
II

À la maison

Les maisons étaient construites en briques de terre séchée, le toit recouvert de tuiles en poterie et les murs percés de petites fenêtres hautes, protégées des voleurs par des volets en bois. À l'intérieur, le sol en terre battue était recouvert de plâtre ou de mosaïques. Hommes et femmes habitaient des pièces séparées. Les premiers résidaient dans l'*andron,* partie composée d'une cour découverte, entourée de colonnades, sur laquelle donnaient les appartements du maître et de ceux qui étaient à son service. Le *gynécée,* partie réservée aux femmes, se situait à l'étage, ou derrière le corps principal d'habitation, afin d'en rendre l'accès difficile aux étrangers. C'est là que les femmes passaient leur vie à filer, à tisser, à coudre et à élever les enfants.

Hestia était la déesse du foyer et de la maison. Le feu qui servait à faire la cuisine, à chauffer l'eau, et à faire du charbon de bois brûlait en son honneur toute l'année, généralement à l'extérieur de la maison. Les plus riches disposaient d'une pièce réservée au bain. L'ameublement était sommaire : une table basse, souvent pliante, un ou deux coffres en bois pour ranger le linge et un banc, qui, recouvert d'un tapis, de toisons, parfois de fourrures, servait de lit. On y dormait, l'été, sous un drap de lin, et l'hiver sous des couvertures aux couleurs vives. La plupart des provisions étaient gardées dans des jarres, placées aux angles des pièces ou dans un cellier. La vaisselle était en argile. Le nombre de pièces, la décoration intérieure, la rareté des matériaux et leur noblesse distinguaient les riches des pauvres.

III

Une prophétie tragique

ŒDIPE FUT DONC ÉLEVÉ EN VÉRITABLE PRINCE. Comme son père le lui avait annoncé, il apprit la musique pour chanter les poètes. Il apprit les lois pour être un roi juste. Il apprit le maniement des armes pour être un roi courageux et combattre au premier rang de ses armées. L'entraînement physique, qu'il avait suivi durant toutes les années de son enfance et de son adolescence, avait fait de lui un véritable athlète. Il n'était pas que sa mère pour admirer sa beauté virile et sa prestance, tous les lui reconnaissaient, peut-être même les lui enviaient-ils. Polybe pouvait être fier de la tâche accomplie. Cependant, chaque jour, il n'omettait pas de rendre grâce aux dieux pour ce fils qu'ils lui avaient envoyé.

C'était justement ce à quoi pensait le vieux roi en regardant Œdipe rire et bavarder lors de ce festin. Il y avait peu de vieillards et beaucoup de jeunes gens allongés auprès des petites tables décorées d'incrustations. Le regard du roi balaya la salle ornée de peintures, de tapisseries représentant des scènes de chasse. Il s'arrêta sur chacune des œuvres d'art qui la décoraient et son cœur s'emplit de fierté. Oui, il laisserait à son fils une cité prospère, célèbre pour ses fontaines, ses monuments et ses temples, une cité riche grâce à son bronze et à ses céramiques… Des éclats de voix violents le tirèrent de sa rêverie. Œdipe, en se levant d'un bond, venait de renverser une coupe et quittait maintenant le mégaron au milieu du silence consterné des convives. Que s'était-il donc passé ? S'excusant auprès de ses hôtes, Polybe suivit son fils. Il le rejoignit dans la cour intérieure. Sans attendre que son père le questionnât, Œdipe s'emporta :

— Est-ce vrai ? Tu me dois la vérité !

— Quelle vérité ? Je ne sais même pas l'objet de ta demande.

— Es-tu mon père ? Suis-je réellement ton fils ?

La question laissa Polybe sans voix. Il lui était arrivé de se demander ce qu'il répondrait à Œdipe si, un jour, il apprenait la vérité. Mais à chaque fois, le roi avait écarté cette pensée douloureuse de son esprit. « Il n'est qu'une poignée de personnes à connaître ce secret et aucune n'a d'intérêt à le dévoiler », s'était-il dit souvent. Et maintenant, voilà qu'il découvrait dans le regard de son fils une détermination qu'il n'avait jamais vue auparavant. Avant qu'il pût préparer une réponse, Œdipe cria avec colère :

— Ainsi, ce fils de chien avait raison ! Tu n'es pas mon père !

— Qui t'a dit cela ?

— Peu importe ! Réponds-moi.

— Ne t'ai-je pas aimé comme un père aime son fils ? Ne t'ai-je pas élevé comme le prince qui doit me succéder ?

— Bien sûr, mais maintenant le doute s'est insinué en moi. Tu pourrais m'avoir élevé sans être mon père…

Le ton vif d'Œdipe avait alerté Mérope qui se tenait dans ses appartements. Elle apparut et jeta un coup d'œil inquiet à Polybe.

— Que se passe-t-il ?

— Es-tu ma mère ?

« Ne t'ai-je pas aimé
comme un père aime son fils ? »

Désarçonnée par cette question à brûle pourpoint, Mérope resta interdite. Puis, dans un élan, elle attira Œdipe contre elle, lui caressant les cheveux comme elle l'avait fait si souvent pour apaiser ses chagrins d'enfant.

— Mon fils, mon tout petit, murmura-t-elle, oppressée par les sanglots. Cette amulette que tu portes autour du cou, c'est moi qui te l'ai passée alors que tu n'avais que quelques semaines. Que de nuits je suis restée près de toi à te bercer parce que tu avais fait un cauchemar. Te souviens-tu que je te gardais longtemps afin de calmer tes pleurs et toujours je fredonnais le même air… N'est-ce pas là l'amour d'une mère ? En doutes-tu ?

Attendri, Œdipe serra sa mère contre lui, mais, malgré ses efforts, il ne pouvait chasser ce mot de « bâtard » qu'il venait d'entendre. Comme les bêtes que l'on marquait avant la transhumance, il lui semblait que l'insulte était inscrite au fer rouge dans sa mémoire.

— Ne doute plus de nous, mon fils, ne souffre pas inutilement. Retournons dans la salle du banquet et offre un visage impassible au scélérat qui a tenu de tels propos. C'est la seule réponse qu'un prince doit donner à la calomnie.

Tous deux regagnèrent le mégaron. Polybe et Œdipe se sentirent soulagés lorsqu'ils virent que l'un des convives avait déserté sa place… Peu à peu, les langues se délièrent à nouveau sous l'effet des nombreuses coupes de vin que les échansons s'empressaient de remplir. Et lorsque l'aède[2] et les musiciens arrivèrent dans la salle, l'auditoire avait oublié l'incident. Œdipe, lui, ne l'avait pas oublié…

2. Aède : poète qui allait de cité en cité chanter des poèmes épiques en s'accompagnant d'une cithare.

L'aube allait bientôt paraître et déjà les coqs s'éveillaient dans la campagne encore obscure. Le banquet s'était achevé quelques heures auparavant, mais Œdipe se retournait encore et encore sur sa couche. Il avait cherché en vain le sommeil, ressassant inlassablement chaque moment de cette soirée, chaque mot prononcé. « Puis-je me satisfaire de la réponse de mon père ? Aimer un enfant et l'élever ne sont pas des preuves… Et n'ai-je pas souvent entendu ma mère me dire que j'étais un "don des dieux" ? Si les dieux m'ont donné à Mérope, c'est bien qu'elle ne m'a pas engendré… D'ailleurs j'ai surpris des servantes évoquant la stérilité de ma mère… Mais alors, qui sont mes véritables parents ? Suis-je orphelin ? M'ont-ils abandonné ? Et s'ils m'ont abandonné, qui sont-ils ceux qui m'ont exposé ? Étais-je affligé d'une disgrâce physique ? Est-ce eux qui m'ont nommé "pieds enflés" ? Si je ne suis pas leur fils véritable, pourquoi Mérope et Polybe me cachent-ils la vérité ? Est-ce déshonorant d'élever un enfant trouvé ? » Telles étaient les questions qui tourmentaient Œdipe, et que le soleil ne parvint pas à chasser. Pendant les jours qui suivirent, Œdipe chercha désespérément sur le visage de ses parents, dans le moindre de leurs propos, les réponses à ses questions. Mais il ne trouvait que l'amour, un amour sans faille, un amour qui ne s'était jamais démenti. Un matin, après une nouvelle nuit sans sommeil, Œdipe se leva. « Je ne peux continuer à vivre dans le doute. Je le vois, Polybe et Mérope sont aussi malheureux que moi. Seul le dieu qui sait tout peut me donner la réponse que je cherche. »

Sans attendre que la maisonnée se réveillât, Œdipe enfila un simple chiton[3], chaussa une paire de sandales et sortit furtivement, sans se retourner. Il aimait cette heure matinale

3. Chiton : morceau d'étoffe dans lequel on se drapait.

où l'aube aux doigts de rose empourprait le ciel, où la vie avec ses bruits de labeur s'éveillait doucement.

Il croisa de rares passants : une esclave chargée de lourds seaux d'eau, un potier disposant ses plats colorés devant sa boutique, un esclave apprenti occupé à allumer le creuset d'une forge. Il aimait son peuple, laborieux, qui jamais ne rechignait à la tâche. Il pensa : « Si la Pythie m'assure que Polybe et Mérope sont mon père et ma mère, je serai fier d'être le roi d'une telle cité ! »

Pendant plusieurs jours, du lever au coucher du soleil, Œdipe marcha de Corinthe à Delphes. À la route, il préférait souvent les chemins de traverse, songeant à son histoire, anxieux de ce que la Pythie allait lui révéler. Combien franchit-il ainsi de collines, de bois, de labours ? Combien de torrents et de rivières passa-t-il, gorgés des pluies de l'automne ? Ses sandales gardaient la trace des rochers qu'il avait gravis, des ravins qu'il avait dévalés. À proximité du lieu sacré, il rejoignit la route et se mêla à la foule immense des pèlerins, qui, venus de toute la Grèce, allaient consulter l'auguste prêtresse d'Apollon. Soudain, un ralentissement, des murmures empreints de respect et de pieuse admiration poussèrent Œdipe à relever la tête.

— Delphes ! Le nombril du monde !

La majesté et la grandeur du site saisirent d'un effroi sacré le jeune homme, ainsi que ses compagnons de route. Au pied d'une falaise de trois cents mètres s'élevait le sanctuaire étagé en terrasses. Les blanches colonnes du temple d'Apollon montaient vers le ciel, telle une louange des hommes vers les dieux. Détournant la tête, Œdipe vit la plaine sacrée qui déroulait ses oliviers par milliers au pied du sanctuaire. Et plus loin, la mer infinie aux mille sourires. Empli de ces visions, le jeune homme se laissa conduire par la foule. Si grande était son émotion qu'il ne prêta aucune attention aux prêtres qui organisaient l'ordre des consultations. Comme la foule nombreuse des pèlerins, il attendit plusieurs jours que vînt son tour. Enfin, le moment tant attendu arriva. Réveillé aux premières lueurs de l'aube, il la vit enfin : la Pythie ! Le jeune homme sentit un frisson le parcourir : il allait connaître la vérité. La Pythie allait lui révéler son destin… L'espoir et l'inquiétude se disputaient son cœur tandis qu'il passait sous le portique, traversait la grande salle du temple, se rapprochant des gémissements qui lui parvenaient du fond…

Tel un fou, Œdipe quitta le sanctuaire. Abasourdi par les révélations de la Pythie, le jeune homme ne voyait ni n'entendait plus la foule qui l'entourait. Lui, toujours si prévenant, heurtait et jetait à terre tous ceux qui se trouvaient sur son passage. Inconscient des insultes et des reproches qu'on lui adressait, il dévala la voie sacrée, manquant plus d'une fois se rompre le cou. Parvenu en bas du site sacré, il emprunta la route opposée à celle qui menait à Corinthe. Ce ne fut que lorsque le souffle lui manqua, longtemps après, qu'il s'arrêta, haletant et la poitrine en feu. Regardant alors autour de lui, il vit la route sinueuse, les pentes désolées des monts, quelques sentiers solitaires et il songea que ce paysage était l'image de ce que serait désormais sa vie. « Non, mon père, je ne serai pas roi de Corinthe et je ne te reverrai jamais, ni toi, ni ma mère. Je sais que cette décision vous rendra fous de douleur, mais ne pas la prendre serait pire encore et ferait de moi le plus odieux des monstres. La Pythie… »

À la seule pensée des paroles prononcées par l'oracle, il frémit. Avisant un bâton noueux sur le chemin, il s'en empara et se mit à frapper avec violence les herbes qui bordaient le chemin. Ce ne fut que lorsque le bois vola en éclats qu'il s'arrêta, les yeux hagards. « Ô dieu, ce destin que tu m'as assigné, sache que jamais je ne l'accomplirai. Je préfère encore que la solitude soit ma seule compagne, et l'errance ma destinée », dit-il à haute voix, sans même s'en rendre compte. Où aller ? La route du sud lui faisait maintenant horreur puisqu'elle menait vers Corinthe. Au nord, au-delà des montagnes, s'étendaient les terres barbares. À l'ouest, la mer immense. La route du levant lui était seule ouverte. Toujours farouche et le cœur sourd à la beauté qui l'entourait, il l'emprunta. Il lui importait seulement qu'elle le menât le plus loin possible de Corinthe.

Des jours durant, il marcha, s'écorchant les pieds et les mains aux arêtes tranchantes des roches car il préférait les sentes solitaires aux routes trop fréquentées. Quand une soif ardente asséchait sa bouche, il partait en quête d'une source et, le soir venu, cherchait un buisson, quelques arbres qui abriteraient son sommeil. Épuisé, il se laissait tomber à même le sol, recroquevillé sur sa douleur.

Bien des jours s'étaient écoulés depuis son départ de Corinthe.

Ce jour-là, Œdipe avait quitté la montagne et se trouvait au carrefour des routes de Delphes et de Daulis. Broyant de sombres pensées, il s'engagea dans l'étroit chemin, enserré dans des rochers escarpés. Absent au monde, fermé sur lui-même, il n'entendit pas le hennissement des chevaux, ni les cris du héraut qui courait devant un riche chariot auquel étaient attelées des pouliches.

— Étranger, range-toi si tu ne veux pas tâter du fouet de mon maître !

Œdipe ne répondit rien et continua sa route, perdu qu'il était dans ses pensées. Ce ne fut que lorsque l'attelage fondit sur lui qu'il reprit ses esprits et se plaqua contre la paroi pour laisser passer le convoi qui l'eût écrasé s'il ne s'était écarté. Pris d'une colère soudaine, Œdipe leva son bâton de marche et en frappa violemment le cocher qui prétendait l'écarter de force. Ne demeurait-il pas fils de roi, quand bien même aucune couronne ne ceindrait jamais son front! Soudain, Œdipe ressentit une vive douleur : le maître de l'attelage venait d'abattre sur lui son fouet. Mais bien plus que le fouet, ce fut l'insulte qui cingla : « Bâtard! Tu n'as donc pas entendu : hors de ma route! » Bâtard! ce mot embrasa Œdipe. Celui qui l'avait prononcé allait payer cher ce mot-là!

Et voilà le jeune homme qui frappe de son bâton celui qui venait de lui asséner un coup. L'homme tombe à la renverse et s'en va rouler à terre. Mais ce n'est pas encore assez : Œdipe, frénétique, frappe tous ceux qui se trouvent à sa portée jusqu'à ce que, hébété, il s'aperçoive qu'il est en train de s'acharner sur des corps privés de vie. Le silence qui succéda à cette lutte meurtrière l'accabla... Trois cadavres gisaient à ses pieds. Sans doute, celui qui suivait le convoi à distance s'était-il enfui, car il avait disparu. Pris de panique, Œdipe se mit à courir. Une fois l'étroit défilé franchi, il ralentit et se mit à réfléchir. Oui, il était dans son droit. Devait-il se laisser piétiner, insulter et frapper sans réagir? N'était-il pas fils de roi? Ce qui venait de se passer n'était qu'un accident. Sans doute une enquête serait-elle menée... mais qui le retrouverait s'il gagnait les montagnes et s'y cachait le temps des recherches? Plus tard, il gagnerait Thèbes puisque ses pas l'avaient porté vers elle, et il y demanderait l'hospitalité. Oui, c'était là ce qu'il lui fallait faire...

Documentation

III

Sophocle

C'est aux VIe et Ve siècles avant Jésus-Christ que le théâtre grec connut son apogée. Durant cette période, plus de mille tragédies furent écrites mais une trentaine seulement nous est parvenue. À l'origine, l'histoire d'Œdipe s'est d'abord transmise oralement, ce qui a entraîné de nombreuses versions. Mais c'est, sans conteste, celle de Sophocle qui s'est imposée.

Qui est Sophocle? Ce dramaturge est né à Colone, vers 496 avant Jésus-Christ, dans ce Ve siècle que l'on a appelé l'âge d'or. Il naquit dans une famille aisée, son père étant un riche armurier. À son excellente éducation, il faut ajouter plusieurs dons personnels sur le plan artistique, mais ce fut le théâtre qui l'emporta puisqu'il fut acteur et auteur dramatique. Sophocle aurait écrit plus de cent vingt pièces, dont sept seulement nous sont parvenues intactes. Dépassant Eschyle (525-456 avant J.-C.), un autre très grand dramaturge grec, il a remporté vingt-quatre fois le concours des grandes Dionysies : plus qu'Eschyle et Euripide réunis! Sa gloire était telle, de son vivant, qu'il fut élevé au rang de «héros», c'est-à-dire qu'il devint une sorte de demi-dieu.

Il renouvela l'art du théâtre puisqu'il fit parler sur scène d'abord trois personnages, au lieu d'un seul chez Eschyle, puis plus encore par la suite. Il a également été le premier à introduire un décor peint derrière la scène. On retrouve le personnage d'Œdipe dans deux de ses pièces : *Œdipe Roi* (entre 430 et 425 avant J.-C.), dont ce récit est l'adaptation, puis *Œdipe à Colone* (en 401 avant J.-C.), sa dernière œuvre dramatique.

IV

L'énigme de la Sphinx

CE FUT AINSI QUE, SOLITAIRE, ŒDIPE ERRA encore plusieurs semaines dans la montagne. Enfin, un jour, il décida de se rendre à Thèbes, la ville aux sept portes, la capitale de la Béotie. Il y parvint alors que la nuit allait tomber. Il n'y trouva pas âme qui vive. Partout le silence, seulement le bruit de ses pas, encore et toujours, dans les rues désertes. Les seuls mots qu'il avait échangés, c'était avec le portier, et sa propre voix résonna étrangement à ses oreilles après tant de jours passés seul.

— D'où viens-tu, étranger ?

— Du sanctuaire de Delphes.

— Où vas-tu ?

— Je fuis mon destin.

— Quel est ton nom ?

— Regarde mes pieds. Je m'appelle Œdipe.

— Qu'attends-tu de notre ville ?

— L'hospitalité.

— Il te faut alors voir Créon, notre régent, qui règne au palais.

Quelque temps après, Œdipe se trouvait face à Créon. Ce dernier s'adressa à lui sans ambages :

— La ville de Thèbes n'offre l'hospitalité aux étrangers que s'ils acceptent de se soumettre à une épreuve.

— Laquelle? répondit laconiquement Œdipe.

— Un monstre est apparu près de notre ville voici quelques semaines. Quiconque passe à proximité de lui est aussitôt dévoré.

— Sais-tu où je peux le trouver?

Surpris par tant de détermination, Créon regarda plus attentivement le jeune homme et se surprit à penser qu'il était dommage de sacrifier un être aussi jeune, et aussi beau.

— Vers l'ouest, répondit Créon.

Œdipe ne chercha pas à en savoir davantage. Il demanda simplement l'hospitalité pour la nuit et affirma qu'il prendrait la route le lendemain en direction de l'ouest. À peine Créon eut-il accepté qu'Œdipe tourna les talons sans laisser le temps au régent de lui annoncer le prix de la victoire.

— Parti sans même se soucier de la récompense…

Et tous ceux qui étaient présents admirèrent la loyauté de cet étranger qui agissait pour le seul respect des lois de l'hospitalité.

Lorsqu'Œdipe se mit en route, le lendemain un peu avant l'aube, les rues étaient toujours désertes et les portes encore closes. Sombre et décidé, Œdipe franchit les murs d'enceinte qu'il avait passés la veille sans rien savoir de plus du monstre qui terrifiait les Thébains. Pourtant il occupait tous les esprits : la nuit, il hantait leur sommeil, et le jour, il faisait l'objet de toutes les conversations.

— Je vous dis que c'est une lionne!

— Comment le sais-tu puisque tu ne l'as jamais vue?

— Seules les griffes d'une lionne peuvent ainsi déchirer le corps de ses victimes.

— Alors c'est une lionne qui vole ! s'exclama l'un des auditeurs. Alcyion, le berger, est sûr de l'avoir vue se déplacer dans les airs.

— Et Kléa, qui ramassait des herbes dans la montagne, l'a aperçue de loin. Le monstre a tourné la tête juste au moment où elle prenait ses jambes à son cou. Eh bien ! croyez-moi si vous voulez, mais elle a le visage d'une femme !

Ainsi couraient les rumeurs au fil des jours et des rues. Les enfants, auxquels on interdisait de vagabonder en dehors des enceintes, passaient de longues heures à tracer dans la poussière les traits hideux du monstre. Les passants se gardaient bien de poser le pied sur la représentation de cet être hybride dont le corps, les pattes et la queue étaient ceux d'une lionne, la tête celle d'une femme, et qui déployait d'immenses ailes. Ainsi l'Étrangleuse, l'Ensorceleuse, la Sphinx[4] régnait-elle à la fois hors de la ville et dans la ville...

Une fois de plus, Œdipe marchait se remémorant sans cesse les paroles de la Pythie. « Si je meurs dans ce combat, se disait-il, du moins n'accomplirais-je pas la prophétie qui ferait de moi un monstre ! » Soudain, une voix mélodieuse interrompit ses pensées. Il ne vit que ses yeux... et il se perdit dans ce vert où se fondaient les vagues un jour de tempête, les forêts ombreuses, les oliviers sous le vent... Oublié, le monstre sanguinaire dont on n'osait compter le nombre des victimes ! Captivé par sa voix autant que par son regard, il l'écouta, lui répondit et se trouva pris au jeu. Il s'attendait à la combattre les armes à la main, mais c'est à des jeux d'esprit qu'ils s'affrontèrent.

— Elles sont sœurs, mais ne se voient jamais. Pourtant l'une engendre l'autre, puis l'autre l'une. Qui sont-elles ? demanda la voix suave.

4. La Sphinx : créature féminine monstrueuse que l'on désigne au féminin dans *Œdipe* (synonyme : la sphynge).

Œdipe réfléchit très vite et, d'une voix posée, répondit :

— Le jour et la nuit.

Avait-elle souri ? Elle enchaîna sans plus tarder avec une autre énigme :

— Le matin, il marche à quatre pattes ; à midi, il ne marche plus que sur deux pattes. Et le soir, il se retrouve sur trois pattes. Peux-tu me donner le nom de cet étrange animal ?

Œdipe réfléchit. Jusqu'à ce jour, il n'était pas une énigme à laquelle il n'avait su répondre. Son esprit était exercé à ce type de logique. Il dut fermer les yeux afin de n'être pas entraîné dans le gouffre de ce regard. Voilà... Maintenant, réfléchir...

— Je crois avoir trouvé la réponse à ton énigme : c'est l'homme. Il marche à quatre pattes quand il est petit enfant ; puis, il se dresse et marche sur ses deux pieds, jusqu'au moment où, trop vieux, il doit s'aider d'un bâton. N'est-ce pas la réponse ?

Les yeux de vagues et de tempête s'obscurcirent.

— Tourne-toi, Œdipe.

Le ton n'admettait pas de réplique et le jeune homme obtempéra. Le temps de se retourner et il entendit un lourd battement d'ailes. Personne : la Sphinx avait disparu comme par enchantement. À nouveau la solitude et le silence ; à nouveau l'immensité déserte du paysage désolé. Mais le bruit sourd d'une chute, un peu plus loin, arracha Œdipe à son hébétude. Il courut jusqu'au bord d'une falaise qui se trouvait non loin de là. Avec précaution, il se pencha et la vit : elle gisait dans son sang, les ailes ensanglantées, son corps de lionne disloqué et le regard à jamais clos sur le secret qu'elle emportait avec elle. Pourquoi la Sphinx était-elle apparue ? De quel dieu était-elle l'émissaire ? Quelle faute avaient commis les Thébains

« Captivé par sa voix autant que par son regard, il l'écouta, lui répondit et se trouva pris au jeu. »

pour avoir subi un tel châtiment? Autant de questions qu'il devrait poser à Créon dès son retour, songeait Œdipe.

Pendant ce temps à Thèbes, les langues allaient bon train depuis qu'une indiscrétion avait révélé l'expédition d'Œdipe. La ville, depuis le lever du soleil, vivait dans l'effervescence. Les potiers délaissaient leur tour, les femmes leurs métiers à tisser, les enfants leurs jeux, les vieillards leurs dés, afin de commenter l'événement dans les rues. Soudain, le cri du guetteur de la citadelle fut relayé de bouche en bouche. Le mot volait plus rapide que le vent.

— Un homme en vue, venant de l'ouest!

— Est-ce celui qui est parti ce matin au lever du jour?

— S'il revient vivant, c'est donc qu'il a vaincu la Sphinx?

— Est-il blessé?

L'incrédulité les poussait à aller voir par eux-mêmes. Ils n'osaient espérer la fin de ce tourment. Et puis, ils voulaient être de ceux qui pourraient dire : je l'ai vu de mes yeux! Ce qui n'avait d'abord été qu'un point à l'horizon était devenu une silhouette, puis un homme vêtu d'une tunique en lambeaux et chaussé de méchantes sandales.

— C'est bien lui! s'écria un garde, reconnaissant l'étranger qui était sorti de la ville le matin même.

Œdipe, silencieux, franchit la lourde porte de Thèbes sans un regard pour le peuple massé sur les remparts. Et tandis que tous se bousculaient dans les escaliers pour le rejoindre, Œdipe marcha jusqu'au palais, escorté par une foule grandissante. Arrivé au bas des marches, il se retourna et dit simplement :

— Vous n'avez plus rien à craindre : la Sphinx n'est plus. Vous êtes libres maintenant et pouvez circuler à votre guise.

Des questions et des louanges s'élevèrent dans l'assemblée :

— Raconte-nous le combat !

— Avait-elle un visage de femme et un corps de lion ?

— Loué sois-tu, étranger ! Que les dieux te bénissent et t'accordent la paix et la prospérité !

— D'où viens-tu et quel est ton nom ?

Sans répondre, Œdipe entra dans le palais. Créon l'attendait dans le mégaron. « Ainsi donc c'était vrai. Il est revenu victorieux… », pensa le régent en écoutant Œdipe. Aux questions que Créon posa à Œdipe sur son succès, celui-ci répondit par d'autres questions : quand et pourquoi la Sphinx était-elle apparue ?

— Environ trois semaines après la mort de notre roi, Laïos.

— Notre devin Tirésias pense que les dieux nous châtient car les meurtriers courent toujours, commenta l'un des notables présents.

— Les meurtriers ? interrogea Œdipe, un pincement d'inquiétude au cœur.

— Oui, il y a un témoin, dit Créon. C'est pourquoi nous savons qu'il s'agit bien d'un meurtre et non d'un accident.

— Notre assemblée, poursuivit le plus âgé, a donc décidé que celui qui réussirait à nous débarrasser de la Sphinx monterait sur le trône de notre défunt roi.

— Et épouserait sa veuve, Jocaste, ajouta un autre.

Créon ne disait rien. Il se souvenait des discussions houleuses qu'il avait menées avec tous les notables ici présents. Une telle décision était folie ! Savait-on qui vaincrait la Sphinx ? Et s'il était marié ? Et si c'était un simple bouvier ? Personne ne l'avait écouté mais on l'avait nommé régent puisqu'il était le frère de la reine. À cet instant, Créon regardait Œdipe et se disait qu'il avait devant lui le nouveau roi de Thèbes : un étranger dont nul ne savait rien, farouche, secret et peu bavard…

Documentation

IV

Les oracles

Pour les anciens Grecs, les dieux connaissaient l'avenir, les hommes l'ignoraient. Les prophéties leur étaient transmises par l'intermédiaire de devins. Le premier des dieux à percer le futur est Zeus, dont les oracles étaient rendus à Olympie et Dodone. Mais l'oracle d'Apollon, à Delphes, le supplanta très tôt. On consultait les oracles aussi bien pour des affaires d'importance (guerre, fondation d'une ville, alliance…) que pour des affaires privées (mariage, naissance, voyage et même objet perdu !). Les oracles locaux étaient souvent consultés car les prêtres, chargés de l'interprétation de la prophétie, se faisaient payer en fonction de l'importance du service demandé et de la richesse du fidèle.

Les officiants des oracles

Le plus célèbre est la Pythie de Delphes. Par sa bouche, Apollon manifestait sa volonté. Ce nom lui vient de ce que le dieu de la divination était surnommé Pythius. À l'origine, elle ne rendait ses oracles qu'une fois l'an, au début du printemps, selon un cérémonial immuable : après s'être baignée dans la fontaine de Castalie, elle jeûnait pendant trois jours, ne mâchant que des feuilles de laurier, plante dédiée à Apollon. Puis la Pythie était conduite par les prêtres au fond du temple d'Apollon. Elle s'asseyait sur un trépied et se mettait à crier, le corps saisi de tremblements frénétiques. L'oracle prononcé, elle tombait dans une longue prostration qui pouvait durer plusieurs jours. Les prêtres qui l'entouraient se chargeaient alors d'interpréter, pour le commun des mortels, les paroles inarticulées que la Pythie venait de prononcer.

V

La peste

Les jours qui suivirent la victoire d'Œdipe sur la Sphinx furent des jours de liesse. Chaque Thébain voulait avoir ce héros à sa table, l'honorer et entendre une nouvelle fois l'énigme et la réponse qui avait provoqué la mort du monstre. Mais aucun Thébain ne sut jamais qu'il avait des yeux couleur d'océan, de forêt et d'olivier… Ils ne surent jamais non plus quelle était la terre natale d'Œdipe. Ils ignorèrent le nom de ses parents et la raison qui l'avait mené jusqu'à Thèbes. Ils acceptaient cependant cet étranger car il avait suffi qu'il entre dans leur ville pour les libérer de l'horrible créature. Et cet exploit, il l'avait accompli sans aucune aide ! N'était-ce pas là la preuve évidente qu'un dieu le guidait, lui accordait sa protection ? Pourtant, à son insu, Œdipe changeait. Il était taciturne et farouche, il devint peu à peu bavard et civil. La gloire dont on l'auréolait, l'admiration qu'il lisait dans tous les regards l'aidèrent à redevenir celui qu'il était avant la terrible prophétie : un prince. Maintenant qu'un trône lui était promis loin de Corinthe et de ses parents, il oubliait peu à peu ses compagnons d'antan, le silence et la solitude. D'ailleurs, le peuple commençait à s'impatienter. Plusieurs semaines s'étaient écoulées depuis l'exploit d'Œdipe et toujours point de couronnement, point de mariage avec Jocaste. Au palais, Créon et le conseil des

Anciens alléguaient que la reine ne pouvait se remarier si vite, qu'elle devait garder le deuil durant le délai imposé par la tradition. Mais une autre raison s'ajoutait à celle-ci. N'avait-on pas agi inconsidérément en promettant la couronne et le lit de la reine au premier venu ? La peur était décidément mauvaise conseillère. Mais au fil des jours, la discorde s'insinuait parmi les proches de Créon.

— Comment faire de cet Œdipe notre roi, alors que nous ne savons rien de lui ?

— Nous connaissons son courage et son désintéressement !

— Un porcher peut avoir ces qualités…

— Tous ceux qui l'ont reçu rapportent que son maintien, son langage l'apparentent davantage à un fils de roi qu'à un…

— Quoi qu'il en soit, nous ne pouvons nous dédire.

— D'ailleurs le peuple gronde.

Enfin vint le jour où les partisans d'Œdipe furent les plus nombreux. Créon n'était pas du nombre : un obscur pressentiment l'étreignait. Mais que valait un pressentiment face aux arguments des partisans d'Œdipe ? On décida donc de la date où l'on célébrerait le couronnement et le mariage d'Œdipe et de Jocaste. Jamais personne ne consulta la reine, pas même son frère Créon. Jocaste, lors de banquets au palais, avait aperçu le jeune homme. Elle l'avait regardé à la dérobée derrière ses voiles noirs, et son cœur l'avait d'emblée accueilli. Le soir, en se regardant dans son miroir de bronze, elle avait éprouvé de la honte. Elle savait qu'on la trouvait belle encore. « Encore » ! Ce mot assassin qui prouvait qu'elle était vieille, que ce mariage était contre nature. Elle avait quarante ans tout au plus et lui vingt ans, à peine… Elle se détourna de son reflet, fit quelques pas, lâcha sa chevelure jusque-là prisonnière. « Qu'y puis-je si une force obscure me porte vers lui

« Le soir, en se regardant dans son miroir de bronze, elle avait éprouvé de la honte. »

instinctivement ? Et pourquoi éprouver inutilement des remords ? On me contraint à cet hyménée. Nul ne peut dire que je l'ai voulu. D'ailleurs, je peux lui refuser ma couche... Mais que suis-je en train de penser là ! N'est-ce pas lui, si jeune, qui me refusera la sienne ! » Et Jocaste pleura sur les rides qui naissaient au coin de ses paupières, sur sa vie que jamais la présence d'un enfant n'avait égayée, sur son ventre lisse qui ne gardait pas même une trace de ce nourrisson dont Laïos l'avait privée. À l'aube de ce nouveau mariage, le temps avait fait d'elle une vieille femme.

Au même moment, le sommeil fuyait Œdipe : il songeait à la reine qu'il venait de quitter. Cette femme, dissimulée sous ses voiles sombres, cette femme qui se dérobait comme une énigme, il la désirait déjà. Il ne connaissait rien d'elle mais il aimait les traits du visage qui se devinaient et se cachaient tout à la fois dans la transparence de la fine étoffe. Il aimait cette silhouette puissante et fragile qui évoquait certaines statues d'Aphrodite. Il attendait maintenant avec impatience de découvrir Jocaste dans la lumière du jour.

Enfin, Thèbes couronnait le vainqueur de la Sphinx ! Partout dans les temples, les prêtres égorgeaient les victimes offertes en sacrifice aux dieux. Partout, dans les rues, résonnaient des chants accompagnés par des flûtes aigrelettes, des pipeaux rustiques, de nobles cithares. Dans les cours des maisons, s'échappait des fours l'odeur du pain chaud et des galettes, que les enfants déchiraient à belles dents sans attendre qu'elles eussent refroidi. Et dans le palais, tandis que les échansons mélangeaient l'eau avec le vin dans de profonds cratères, on entendait la voix de l'aède qui déclamait le merveilleux exploit d'un homme, aimé des dieux, qui vainquit un être aux ailes d'oiseau, au corps de lionne et au visage de femme... Au centre de cette fête qui dura, de mémoire d'homme, plus longtemps qu'aucune autre, un couple : Œdipe et Jocaste, que le destin avait fait se rencontrer.

Même sans les voiles qui l'auréolaient de mystère, Œdipe aima la reine et la reine l'aima. Très vite, le peuple se félicita d'avoir couronné cet étranger venu de nulle part : la ville, oubliant son ancienne terreur, prospéra à nouveau. Et par quatre fois, le ventre de Jocaste porta la vie. À la naissance de l'aîné, Œdipe avait questionné Jocaste, s'étonnant que son union avec Laïos fût restée stérile. La reine s'était détournée, serrant plus fort contre elle le nourrisson. Œdipe n'avait osé insister afin de ne pas ternir la joie qu'ils éprouvaient tous deux. Quoi qu'il en soit, pour la première fois, des cris, des rires d'enfants emplirent le palais. On riait des chamailleries des deux garçons, Polynice et Étéocle, qui se mesuraient sans cesse, armés d'épées de bois. On s'attendrissait sur la fragilité d'Ismène et l'on disait d'Antigone qu'elle ressemblait en tous points à son père. Connus, aimés, choyés de tous, les enfants d'Œdipe et de Jocaste grandissaient, tout comme les murs de la ville de Thèbes. En effet, Œdipe les avait fait rehausser et consolider. « Le danger vient toujours de l'extérieur lorsqu'on est une cité prospère », se plaisait-il à affirmer. Il se trompait...

Près de deux décennies s'écoulèrent... Jusque-là, tous les étés avaient empli les greniers de grains. Les meules les avaient broyés, les fours avaient cuit les lourds pains blonds ou noirs. Dans les étables, les bergeries, le lait des brebis devenait d'odorants fromages. Les cheptels, chaque printemps nouveau, voyaient les flancs des femelles s'arrondir, s'alourdir et comptaient chaque année de nouvelles bêtes. Dans la ville, aucun mois ne s'écoulait sans qu'on ne vît sur quelques portes un brin de laine ou un rameau d'olivier signalant la naissance d'une fille ou d'un garçon. La paix habitait le cœur d'Œdipe. Son bonheur et celui de Thèbes ne faisaient qu'un. Lorsque la nuit était avancée et que le sommeil avait délié les corps harassés, il aimait à se promener seul sur les remparts. Il songeait alors à sa vie que sa visite à la Pythie avait coupée en deux ; d'un côté, son passé : Polybe, Mérope, Corinthe, Delphes. De l'autre, Thèbes, Jocaste et ses enfants. Ces deux mondes étaient à tout jamais séparés par un silence qu'il était bien décidé à ne rompre jamais. Lorsque des souvenirs trop douloureux l'étreignaient – sa mère qu'il ne reverrait jamais –, il s'en retournait dans le palais déposer un baiser sur le front de ses enfants endormis. Puis se couchant auprès de Jocaste, il se serrait contre le corps chaud de son épouse, dans un geste d'enfance.

Ce jour-là, Thèbes souffrait, Thèbes se terrait en quête de quelque fraîcheur. Dans les rues, dans la plaine, pas un souffle, pas un bruit. Dehors, les épis baissaient la tête vers une terre craquelée, avide d'une pluie qui ne vient pas. Plus loin les bêtes se disputaient l'ombre maigre des arbres. Certaines étaient couchées et ne se relevaient pas, même lorsque la dent aiguë des chiens leur signalait l'heure de la traite. Soudain, un cri déchira la ville : une femme en couches venait de mourir après avoir expulsé un enfant mort-né. Puis, un autre cri : le même malheur venait de frapper une famille à l'autre extrémité de la ville. Un autre encore, là ! Puis un autre, ici ! Encore un ! Encore… encore… encore… La ville pleurait ses morts, le berger comptait les cadavres de ses bêtes et le paysan savait maintenant que les greniers seraient vides cet hiver. Les jours se succédaient tandis que la mort frappait dans les germes où se forme la vie : dans le sol, dans les troupeaux, dans les corps des femmes qui n'enfantaient plus.

— La peste ?

— Qui d'autre qu'elle peut ainsi faucher la vie sur une terre fertile et dans une cité opulente ?

— Ô Zeus tout puissant, épargne-nous un tel fléau !

Mais ce mot terrible fut relayé par toutes les bouches. Les quelques vieilles expertes dans l'art d'Esculape eurent beau courir la montagne, faire moisson d'herbes miraculeuses, leurs tisanes, leurs baumes, leurs emplâtres ne servirent de rien : sans pitié, les Parques coupaient le fil de la vie. Quand ils ne fermaient pas les yeux de leurs morts, les survivants se massaient dans les temples consacrés à Pallas afin de prier, de supplier, de faire des offrandes. Malgré leur piété, les Thébains mouraient toujours. Impuissants, les prêtres se réunirent.

— Allons au palais voir Œdipe. Peut-être saura-t-il…

— Il a déjà ouvert ses coffres, envoyé quérir les médecins les plus renommés. Que pourrait-il faire de plus ?

— Certes, il n'est pas un dieu mais je l'ai vu donner des conseils à des hommes désespérés. Ceux-là repartaient plus confiants et, plus tard, ils réussissaient là où ils avaient échoué.

Ce fut ainsi que, le lendemain, un cortège s'ébranla en direction du palais. Parvenus devant les escaliers de la demeure royale, la procession s'agenouilla autour du prêtre et entonna une triste mélopée. À l'image de la ville basse, le palais était silencieux. Averti, Œdipe arriva aussitôt sur les lieux. Il remarqua d'un coup d'œil qu'il n'y avait aucun homme dans la force de l'âge, mais uniquement des vieillards et des enfants vêtus de blanc qui agitaient des rameaux d'olivier. Son cœur se serra devant tant de détresse. Aussitôt qu'il vit son souverain, le prêtre s'adressa à lui :

— Ô roi, regarde ces suppliants. Les uns n'ont pas encore la force de prendre leur envol, les autres sont accablés par les ans.

Quant au reste de ton peuple, il est à genoux dans les temples et va mourir si tu ne le sauves pas une seconde fois de cet ouragan qui le frappe. La mort est partout, tu le sais. Elle est dans le germe des récoltes. Elle est sur le bétail qui broute ses pâturages. Elle s'insinue dans les entrailles de nos femmes qui ne mettent au monde que des enfants mort-nés. Oui, la peste vide peu à peu nos maisons tandis que le noir Enfer va s'enrichissant de nos morts. Si nous nous agenouillons devant ton palais, ce n'est pas que nous te considérions comme l'égal des dieux, mais le passé nous a montré que tu savais désarmer les puissances surnaturelles. Tes vertus sont sans égales. Ô mon roi, redresse la cité. Ne t'endors pas ! Que sont une citadelle ou un vaisseau s'il n'y à plus d'hommes pour les peupler ?

— Vous souffrez tous, je le sais. Chacun porte sa douleur, mais moi, le roi, je porte la mienne et celle de chacun de mes sujets, et mon cœur gémit sur Thèbes, sur toi et sur moi tout ensemble. Crois-tu donc que je sois resté sans rien faire pendant que le malheur vous frappait ? Puisque nos médecines, nos prières restaient impuissantes à enrayer le fléau, j'ai envoyé Créon à Delphes, consulter l'oracle. Lui seul peut maintenant me faire savoir ce que je dois dire ou faire afin de vous sauver. Je le dis devant vous tous, ici assemblés : j'accomplirai ce que le dieu ordonnera.

Mais les jours passaient sans que Créon revînt, et chaque jour augmentait l'impatience d'Œdipe. Plusieurs fois dans la journée, il se rendait auprès de Jocaste afin qu'elle apaisât l'irritation qu'il sentait grandir en lui.

— Pourquoi tout ce temps à revenir ? La distance n'est pas si grande entre Thèbes et Delphes !

— Oui, mais la route traverse la montagne…

— Trois jours pour le trajet…

— Mais tu oublies que Créon n'est plus si jeune…

— Alors quatre, pas un de plus ! Deux jours d'attente pour consulter la Pythie… et voilà une semaine qu'il est parti ! Mais pourquoi n'est-il pas de retour ?

Jocaste usait des paroles les plus rassurantes, mais c'était là peine perdue : Œdipe ressemblait à un lion en cage. « Combien de temps encore, se disait-il en lui-même, devrais-je voir les femmes de ma ville, jeunes ou vieilles, pleurer au pied des autels ? Et tous ces morts sans nombre gisant sur le sol sans que personne ne leur porte secours, de crainte de mourir à son tour ? Combien de Thébains sont aujourd'hui dans le sombre royaume d'Hadès ? Athéna, fille éclatante de Zeus, sauve-nous ! Et vous, Apollon et Artémis. Et toi aussi, Dionysos, dieu au diadème d'or, qui donna son nom à ce beau pays de Thèbes ! »

Enfin, au soir du huitième jour, à la lueur des torches, un homme en armes, essoufflé, se présenta sur le seuil du mégaron où Œdipe se trouvait. À peine le garde avait-il annoncé l'arrivée de Créon dans Thèbes que ce dernier arrivait, une couronne de lauriers en fleurs sur le front. Radieux, il s'avança vers son roi. Sans même lui laisser le temps de parler, Œdipe s'adressa à lui :

— Créon ! Enfin ! Quelle réponse du dieu nous rapportes-tu ?

Documentation

V

La mort

De nombreux Thébains meurent dans ce chapitre à cause de la peste. Quelle est donc la conception des Grecs sur le passage de la vie à la mort ?

Les Moires : représentées sous les traits de trois fileuses, Clotho, Lachésis et Atropos étaient chargées de la naissance, de la vie et de la mort des hommes. La première, Clotho (en grec, « filer ») tient le fil, symbole de la vie humaine, enroulé sur une quenouille. La seconde, Lachésis (« le sort ») tourne le fil sur le fuseau. La dernière, Atropos (« inflexible ») coupe le fil lorsque le temps de mourir est venu pour un mortel.

Les Enfers : ce sont des lieux souterrains où descendent les âmes après la mort, afin d'être jugées. Elles y reçoivent un châtiment pour leurs fautes ou une récompense pour leurs bonnes actions. Les Enfers comportent quatre régions principales :

- l'Érèbe, la plus proche de la terre où se trouvent le palais de la Nuit, du Sommeil et des Songes (Morphée). Là, résident aussi Cerbère, Thanatos, dieu de la mort, et les Érynies.
- l'Enfer où les méchants subissent toutes sortes de tortures. Leurs âmes sont plongées dans des étangs glacés puis dans des lacs de poix bouillante. Des marécages bourbeux et fétides ou encore des eaux embrasées rendent toute fuite impossible.
- le Tartare, cerné d'un triple mur d'airain, est une prison. C'est là que sont enfermés les Titans, les Géants et les anciens dieux chassés de l'Olympe. Hadès y a son palais.
- les Champs Elysées forment le séjour heureux des âmes vertueuses. Là règne un éternel printemps où les âmes goûtent un délicieux repos, sans inquiétude et sans douleur.

VI

Un assassin à Thèbes

CRÉON RAPPORTA ALORS À ŒDIPE le message de la Pythie : le sang d'un meurtre resté impuni expliquait la peste qui sévissait dans le pays. Il fallait que Thèbes retrouvât le coupable, qui vivait en ses murs, et le punît. Les dieux immortels seraient alors satisfaits et délivreraient la ville de l'épidémie mortelle.

— Un assassin ? Mais quel crime infâme a donc été commis pour que les dieux châtient ainsi tout un peuple ? Et quand ? demanda Œdipe, horrifié.

— J'ai déjà évoqué cette histoire devant toi. Sans doute ne t'en souviens-tu pas. Un drame s'est déroulé ici, juste avant que tu n'arrives. Laïos, notre précédent roi, nous quitta afin d'aller consulter l'oracle de Delphes. Hélas ! jamais nous ne le revîmes…

— Et pas un de ceux qui l'escortaient n'a assisté au drame ? Pas un qui ne puisse témoigner de ce qui s'est passé ?

— Tous sont morts, Œdipe, tous sauf un, qui a fui, effrayé…

— Et qu'a-t-il dit ?

— Laïos serait tombé sous l'assaut d'une troupe de brigands.

À cette dernière révélation, Œdipe se tut un long moment. L'éblouissement d'une évidence le frappa : des brigands auraient-ils montré pareille audace si le coup n'avait pas été monté ici, au palais, et payé à prix d'or ? Peut-être par Créon lui-même chez qui il avait toujours ressenti une réticence à son égard. Il tut cette pensée et reprit :

— Mais enfin votre roi avait été assassiné et vous, vous ne menez aucune enquête ?

— Je te l'ai dit Œdipe : cette triste histoire s'est déroulée presque au moment où tu arrivas à Thèbes. As-tu déjà oublié les circonstances qui te firent roi ?

— La Sphinx ?

— Oui, c'est la Sphinx qui nous obligea à cesser nos recherches car elle mettait en péril Thèbes elle-même.

Œdipe se sentit terrassé par l'ampleur de la tâche qui l'attendait : retrouver les assassins d'un crime commis il y avait plus de vingt ans ! Mais il ne pouvait se dérober. Il était l'ultime espoir des Thébains, une fois encore. Une immense fatigue l'envahit à cette pensée. La nuit était bien avancée. Il remercia Créon et le congédia sur ces mots :

— Demain, je réunirai le conseil des Anciens, ainsi que le peuple, afin de leur annoncer que je mettrai tout en œuvre pour découvrir la vérité. À toi, je puis le dire Créon : lorsque je défends Laïos, c'est moi-même que je sers, car on peut un jour vouloir me frapper d'un coup tout pareil.

Le soleil achevait sa course. Les murs de pierres sèches et le sol exhalaient à cette heure un souffle encore brûlant. Déjà les lueurs du couchant ensanglantaient le ciel. Par toutes les rues et les ruelles, les Thébains s'acheminaient vers l'agora où leur roi devait s'adresser à eux. En cette fin de journée, les visages étaient graves et tous gardaient la trace récente de larmes versées, qui pour une mère, qui pour un enfant, qui pour un ami. Lorsqu'ils virent Œdipe entouré du conseil des Anciens, si déterminé, si grand en haut des marches, les Thébains se sentirent apaisés. Lorsqu'il leva les mains pour réclamer le silence, les murmures aussitôt cessèrent car nombreux étaient ceux qui le vénéraient comme un dieu. La voix puissante d'Œdipe s'éleva :

— J'ai envoyé Créon consulter l'oracle de Delphes afin de savoir pourquoi les dieux frappaient si durement notre cité. La réponse d'Apollon est claire : il nous faut venger le meurtre de Laïos en retrouvant l'assassin qui vit parmi nous. Sachez qu'à partir de ce jour, j'y mettrai tous mes efforts, dussé-je ne plus connaître le repos. Mais mon enquête, sans votre concours, n'ira pas loin car je suis étranger à toute cette affaire. Je vous adresse donc à tous cet appel solennel : si le coupable se dénonce de lui-même, il devra quitter le pays. Aucun mal ne lui sera fait. Si l'un d'entre vous le connaît, son aveu lui vaudra une forte récompense et ma gratitude. Mais à ceux qui savent le nom de l'assassin et qui restent muets parce qu'ils ont peur, je leur interdis dorénavant de parler au coupable, de le recevoir et de l'associer aux prières, ou aux sacrifices, sous peine de bannissement. Que ce criminel soit jeté hors des maisons comme la souillure de notre pays ! Et que je sois banni moi-même si je venais à recevoir ce scélérat dans ma maison ! Tout cela, je vous demande de le faire pour moi, pour Apollon, pour cette terre qui se meurt, privée de ses moissons, oubliée des dieux.

Un profond silence accueillit les déclarations d'Œdipe et, alors même que le roi était rentré dans son palais, le peuple restait là, muet, incrédule. Puis les langues se délièrent : des commentaires, mais point de nom, beaucoup de perplexité, voire de suspicion. Chacun s'en retourna chez lui, plus accablé encore qu'il n'était venu. Le conseil des Anciens avait suivi Œdipe. Devant le silence du roi et son air soucieux, le plus âgé prit la parole :

— Que te dire, Œdipe? Ceux qui sont ici n'ont point commis ce crime, ni ne sauraient te désigner le coupable…

— Le meilleur des rois était assassiné et vous n'avez rien fait! C'est à moi, un étranger, moi auquel a échu son trône et sa femme que revient la responsabilité de mener l'enquête! Eh bien! à partir de ce jour, j'y emploierai tous les moyens comme s'il eut été mon père. Et sachez-le, j'appelle la colère des dieux sur tous ceux qui refuseront d'obéir à mes ordres : que leurs moissons sèchent sur pied, que leurs épouses restent sans enfant et qu'ils périssent de la peste!

Quelques vieux laissèrent échapper des murmures de colère : pourquoi Apollon ne leur avait-il pas révélé le nom de l'assassin? Créon prit alors la parole et proposa à Œdipe de consulter le devin de la ville : Tirésias.

— Soit, mais, dès demain je mènerai moi-même les interrogatoires et convoquerai chacun de mes sujets, s'il le faut.

Le lendemain, dès l'aube, Œdipe se mit à l'œuvre. Toute sa garde était là. Ceux-ci devaient aller quérir Tirésias, ceux-là interroger tous les hommes âgés de trente-cinq ans et plus, ces autres aller chercher au fond des bois et des marais ceux qui y résidaient et qui ne se rendaient que très rarement en ville. Aussitôt les ordres donnés, chacun partit remplir sa tâche et le palais qui, un instant, avait résonné du cliquetis des armes, retomba dans le silence. Et l'attente commença pour Œdipe… Rien ne put l'en distraire, ni l'affection de ses enfants venus le saluer, ni les chants de Jocaste tissant avec ses servantes, ni les affaires courantes que Créon vint lui soumettre. Les yeux fixés sur la course du soleil, Œdipe attendait le soir. Il vint enfin et la déception avec lui. Rien. Toute cette journée se soldait par un échec total. Aucun indice, aucune piste, et

« Les yeux fixés sur la course du soleil,
Œdipe attendait le soir. »

Tirésias, qui savait tant de choses que les hommes ignorent, refusait de se rendre au palais. Il se disait accablé d'une grande fatigue et craignait de révéler un grand malheur, rapportaient les gardes. À l'annonce de ces mauvaises nouvelles, les épaules d'Œdipe se voûtèrent un peu plus, mais l'idée que l'assassin vivait au sein même de la ville, dont Laïos avait été le roi, fit se redresser Œdipe. Non, il ne se laisserait pas ainsi narguer.

Le lendemain, dès l'aube, après une nuit de réflexion, Œdipe donnait des ordres et durcissait le ton.

— Amenez-moi Tirésias, par la force s'il le faut.

L'attente reprit… De nouveau le soir arriva et avec lui son lot de tristes nouvelles : toujours rien. Tirésias avait simplement ajouté qu'il connaissait le coupable, qu'il vivait au cœur même de la ville, mais qu'il ne dirait rien de plus. Ces propos provoquèrent la colère du roi qui le fit chercher sur le champ. Et Œdipe se remit à attendre…

Enfin ! des bruits inhabituels aux portes du palais et voici Tirésias, le devin aveugle, guidé par deux enfants. Le vieillard, courbé sur sa canne, pénétra dans le mégaron, lentement. Arrivé au centre de la pièce, il s'arrêta, se redressa et parcourut la grande salle de ses yeux qui ne voyaient plus. Ses yeux aveugles se fixèrent sur le trône de Laïos et ne le quittèrent plus.

— Tirésias, comment peux-tu connaître l'assassin et te taire ? Ne comprends-tu pas que tu nous trahis et perds ton pays ?

— Pourquoi m'avoir fait venir en pleine nuit ? Tes gardes ne t'ont-ils pas prévenu que je ne dirai rien ?

— Eh bien soit ! Ne dis rien. Moi, je vais parler : ce crime, c'est toi qui l'as tramé. Et si tu n'étais pas aveugle, je dirais que c'est toi qui as frappé Laïos de ta propre main ! Voilà ce qui explique ton silence entêté !

— Vraiment ? Eh bien moi, je te dirais d'obéir le premier à ce que tu as ordonné, c'est-à-dire de ne plus parler à qui que ce soit, ni à moi, ni à quiconque, à partir de cet instant…

— Que radotes-tu, misérable vieillard ?

— Tu dois le faire car c'est toi, toi le criminel qui souille ce pays par le meurtre que tu as commis et la relation condamnable que tu as avec l'un des tiens !

Devant une telle accusation, Œdipe resta un moment sans voix. Puis au silence succéda la colère.

— Est-ce par ton art que tu as découvert la vérité ? Car, dis-moi, toi qui te prétends devin et expert dans l'art des présages, pourquoi n'as-tu pas répondu à l'énigme de la Sphinx ? Sache que si tu n'étais pas si vieux, tu pourrais te repentir de l'accusation que tu viens de porter contre ton roi.

— Va ! insulte mes oracles ! Je suis aveugle mais c'est toi qui ne vois pas. Sais-tu sous quel toit tu vis et en compagnie de qui ? Bientôt, la malédiction d'un père et d'une mère va te chasser d'ici, et si tu vois le jour, tu ne verras bientôt que la nuit.

— Va-t'en ! Quitte ce palais. Loin d'ici, va-t'en !

— Je ne serais pas venu si tu ne m'avais pas convoqué.

— Pouvais-je savoir que tu ne dirais que des sottises ?

— Pour toi, je ne suis donc qu'un sot ? Pourtant j'étais un sage aux yeux de tes parents.

— Mes parents ? Tu sais donc de qui je suis le fils ?

— Quoi ? Tu n'excelles donc plus à percer les énigmes ? Mais avant de partir, je vais te dire ce pour quoi tu m'as fait venir. L'assassin de Laïos est un Thébain qui vit ici même. Quand la vérité éclatera, on découvrira qu'il est le père et le frère de ses fils, car son épouse est sa mère. Son père ? il l'a assassiné. Si tu parviens à prouver que j'ai tort, alors je veux bien que tu dises que j'ignore tout de l'art des devins.

Et sur ces terribles mots, Tirésias quitta Œdipe.

Documentation

VI

Tirésias

C'est l'un des plus célèbres devins qui apparaît dans plusieurs épisodes mythologiques. Non seulement il connaissait le passé, le présent et l'avenir, mais il interprétait aussi le vol, ainsi que le langage des oiseaux. Même après sa mort, Hadès, le dieu des Enfers, lui laissa le pouvoir de rendre des oracles. C'est ainsi que, sous le conseil de Circé, Ulysse descendit aux Enfers afin de le consulter sur la suite de son voyage.

Mais pourquoi donc un devin qui « voit » l'avenir est-il aveugle ? Il existe diverses légendes à ce propos. La plus connue veut qu'un jour Tirésias se promenant sur le mont Cithéron aperçût deux serpents en train de s'accoupler. Il les sépara de son bâton et fut aussitôt transformé en… femme ! Sept ans plus tard, se promenant au même endroit, il rencontra les mêmes serpents entrelacés. Les séparant comme il l'avait fait la première fois, il redevint homme.

Aussi, quand Zeus et Héra se querellèrent au sujet de l'amour, pour savoir qui de l'homme ou de la femme éprouvait la plus grande jouissance, ils interrogèrent Tirésias qui avait été successivement homme et femme. « Si le plaisir se compose de dix parties, j'en attribue neuf à la femme », répondit Tirésias.

Héra, ulcérée que l'on dévoilât ainsi le plus grand secret féminin, le priva de la vue. Zeus, voulant atténuer cette triste infirmité, accorda à Tirésias le don de prophétie et le privilège de vivre sept générations. Athéna, elle, lui remit un bâton avec lequel il se dirigerait dorénavant aussi bien que s'il avait eu une excellente vue.

VII

L'enquête

TIRÉSIAS PARTI, ŒDIPE SE RETROUVA SEUL dans le mégaron. Il lui semblait avoir rêvé la scène qu'il venait de vivre. Un cauchemar, il vivait un cauchemar dont il allait se réveiller. Des bribes de phrases tournoyaient dans son esprit et lui échappaient dès qu'il cherchait à les retenir, comme ces papillons nocturnes qui, attirés par une source lumineuse, s'en approchent puis se reculent brusquement. Amant de sa mère… Oser accuser son roi ! La souillure de ce pays… meurtrier de son père… Vieille chouette radoteuse !… frère de ses enfants… Mais… n'était-ce pas Créon qui lui avait suggéré de consulter Tirésias ?… Tout était clair ! Créon avait organisé le crime, et Tirésias, son complice, devait perdre Œdipe, parce qu'il était déterminé à mener l'enquête jusqu'au bout afin de découvrir le coupable. Il fallait confondre Créon et maintenant, tout de suite ! Qu'importait qu'il fût tard, que la nuit fût profonde ! La vérité ne pouvait attendre.

Sortant précipitamment de la salle, Œdipe hurla aux gardes d'aller chercher Créon. Qu'il vînt sur le champ. Quelque temps plus tard, un bruit de pas précipités sortit Œdipe de ses pensées. Créon, que les gardes avaient tiré du sommeil, se tenait sur le seuil. Tout à sa colère, Œdipe l'invectiva :

— Brigand, scélérat qui convoite mon trône ! Me croyais-tu assez sot pour me laisser surprendre par ton complot? Je te renvoie l'insulte : tu n'es qu'un sot! Car, quoi! sans le peuple, sans amis, pensais-tu t'emparer, avec l'aide d'un faux devin, d'une couronne qu'on n'a jamais obtenue que par le peuple ou par l'argent?

— Me jugeras-tu sans m'écouter?

— Écouter un félon! D'ailleurs, je n'ai jamais trouvé en toi qu'hostilité à mon égard. N'est-ce pas toi qui as retardé mon accession au trône? Toi encore qui m'as conseillé de voir notre grand devin Tirésias. Tu ne respires que perfidie!

La colère réveilla tout à fait Créon qui demanda ce qui lui valait un tel affront. Œdipe s'en expliqua et Créon éclata de rire. Pourquoi voudrait-il du trône alors qu'il jouissait du pouvoir en ce moment même?

— Et cela, sans contrepartie, sans aucun souci à la différence de toi. Si je régnais moi-même, il y a bien des choses que je ferais contre mon gré. Non, je suis ainsi fait que j'aspire moins à être roi qu'à vivre en roi. Est-ce qu'on ne m'honore pas? Sais-tu que quiconque a besoin de ton aide vient me chercher afin que je plaide sa cause auprès de toi. Et je lâcherais la proie pour l'ombre? C'est absurde! Pour ce qui est de l'oracle, rends-toi à Delphes et demande si je t'ai rapporté fidèlement les paroles de la Pythie. Et si tu peux prouver que j'ai comploté contre toi avec Tirésias, alors mets-moi à mort!

— Je vais le faire, sois-en sûr! Tu seras un exemple : on saura désormais à Thèbes ce que coûte l'envie.

L'éclat des voix dans le palais silencieux avait réveillé la reine Jocaste. Surprise d'entendre la voix de Créon à cette heure tardive, elle était arrivée au mégaron éclairé par les torches tremblantes et avait entendu les dernières paroles de son époux et de son frère.

Horrifiée par la violence de leurs propos, elle s'interposa entre les deux hommes.

— Malheureux ! S'entre-déchirer ainsi, alors que le pays souffre ! Créon, retourne chez toi, et toi, Œdipe, viens avec moi.

— Apprends que ton frère est un félon qui ourdissait contre moi un complot !

— Que tous les dieux me soient témoins, je suis innocent de ce dont tu m'accuses ! Que je périsse à l'instant si j'ai rien fait contre toi de ce que tu me reproches !

— Crois-le, Œdipe, puisqu'il le jure sur les dieux. On ne peut exiler ou tuer un homme sur un simple soupçon, Œdipe, reconnais-le.

— Eh bien ! qu'il parte ! Je suis sensible à tes paroles, mais lui, qu'il sache que ma haine le suivra où qu'il soit.

— Tu cèdes la rage au cœur et demain tu regretteras tes paroles quand ton courroux sera tombé. Les caractères comme le tien sont les premiers à souffrir de ce qu'ils ont d'odieux, et c'est tant mieux.

— Oui ou non vas-tu me laisser en paix ? Hors d'ici !

— Je pars mais tu me méconnais, Œdipe.

Après le départ de Créon, Jocaste se rapprocha d'Œdipe et, comme une mère aimante, caressa son front et ses cheveux. Elle lui murmurait des mots apaisants pour calmer la mer démontée qu'elle entendait en lui. Lui prenant la main, elle le mena jusqu'à sa chambre et lui demanda de s'étendre. Puis, elle entonna un chant de toile[5], celui qu'Œdipe préférait entre tous. Sous la caresse de sa main, le front du roi se déridait. D'une voix redevenue plus paisible, Œdipe murmura :

— Tirésias prétend que c'est moi qui ai tué Laïos.

Jocaste sourit.

5. Chant de toile : chanson entonnée tout en tissant.

— Voilà donc ce qui te tourmente ? Eh bien, je vais te faire un aveu. Tu seras le seul à connaître ce secret et tu vas avoir la preuve que personne, ici-bas, ne possède le pouvoir de prédire l'avenir.

Et d'une voix basse et douce, elle raconta... Jadis, on avait prédit à Laïos qu'il mourrait, frappé par la main d'un fils qu'elle lui donnerait.

— Or, Laïos est mort et tué par qui ? demanda Jocaste.

— Je mène justement une enquête pour le savoir.

— De l'avis de tous, ce sont des brigands qui l'ont tué, au croisement de deux routes.

Et elle poursuivit : quant à l'enfant, né de ses flancs, Laïos l'avait fait déposer dans un coin désert de la montagne, après que ses pieds eurent été cruellement percés, comme elle l'avait appris plus tard. À cette évocation, sa voix se brisa et elle attendit quelques instants avant de reprendre :

— Ainsi, tu le vois, rien de ce qu'avait prédit Apollon n'est arrivé ; le fils n'a pas tué le père et Laïos n'a pas connu le sort qui l'épouvantait : mourir sous la main de son enfant. Et pourtant c'était là ce qu'annonçaient les devins. Alors, ne crois pas les sornettes débitées par Tirésias. Ce qu'Apollon veut, il finit toujours par le faire savoir clairement aux malheureux humains que nous sommes.

Œdipe ferma les yeux, apaisé, et demanda à Jocaste de reprendre le chant qu'elle avait interrompu. La reine s'allongea à ses côtés et chanta jusqu'à ce qu'Œdipe sombrât dans le sommeil. Alors, elle aussi, s'endormit. Mais Œdipe s'agitait dans son sommeil. Dans son rêve, il revoyait Tirésias, entendait ses imprécations : « Le meurtrier se révélera être père et frère de ses fils car son épouse est sa mère... », puis il se battait contre Créon qui lui dérobait sa couronne tandis que la Pythie, assise

« Puis, elle entonna un chant de toile, celui qu'Œdipe préférait entre tous. »

sur son trône et dissimulée derrière un voile de fumée, proférait dans un ricanement les paroles qu'il avait tenté d'effacer de sa mémoire, toutes ces années durant : « Tu tueras ton père, tu t'uniras à ta mère et de vous naîtra une race monstrueuse. Tu es maudit !... » Dans un cri, Œdipe se réveilla. Il se dressa sur son séant, les mains et le visage moites d'angoisse. Sa fuite éperdue, toutes ces années de bonheur n'avaient donc pas effacé de sa mémoire l'horrible prédiction ? Il avait réveillé Jocaste qui le pressait maintenant de questions. Encore épouvanté par son cauchemar, il s'abandonna à elle et lui conta son passé que tous ignoraient à Thèbes, même elle, son épouse : Polybe, Mérope, son enfance heureuse à Corinthe jusqu'à cette insulte de « bâtard » qui lui fit prendre la route de Delphes et enfin l'oracle accablant... puis sa panique...

— Tu venais donc de Delphes quand tu es arrivé à Thèbes ?

— Oui, par la route même que Laïos a empruntée...

Soudain, le visage d'Œdipe se figea.

— Parle, Œdipe. Qu'y a-t-il ?

— Tu m'as bien dit que Laïos aurait été tué au croisement de deux routes ?

— Oui, c'est ce que l'on dit. En Phocide, là où se rejoignent la route de Delphes et celle de Daulis.

— Ah, Zeus !

— Mais qu'as-tu, Œdipe ? Tu es tout pâle !

— Alors ce faux prophète aurait raison ! Attends avant de m'interroger. Laïos, décris-le moi. Sa taille, son âge.

— Il était grand, vigoureux, comme toi, les tempes grisonnantes. Que se passe-t-il ? Ton regard me fait peur.

— Voyageait-il seul ou accompagné d'une escorte ?

— Ils étaient cinq. Un héraut précédait le char de Laïos.

— Cette fois, tout est clair. Mais comment sais-tu tout cela ?

— Par un valet qui revint, le seul qui en soit réchappé.

— Où est-il ? Ici, au palais ?

— Non. Peu de temps après son retour, quand il t'a vu sur le trône de Laïos, il m'a supplié de le renvoyer aux champs pour garder ses bêtes. Il voulait, disait-il, vivre le plus loin possible de Thèbes. J'ai accepté. Ce n'était qu'un esclave mais il le méritait bien, et même davantage.

— Il faut qu'il revienne ici de toute urgence !

— Mais pourquoi ?

— J'ai bien peur que les paroles que j'ai prononcées devant mon peuple ne se retournent contre moi.

— Que veux-tu dire ? Explique-toi.

Œdipe raconta alors le drame qui s'était déroulé sur la route le menant de Delphes à Thèbes et comment, sans le savoir, il craignait maintenant d'avoir mis fin aux jours de Laïos. Et cette « souillure » qu'avait évoquée l'oracle serrait dans ses bras l'épouse du mort ! Il fallait qu'il s'exile puisque, selon son propre édit, aucun citoyen ne pouvait plus ni lui parler, ni l'accueillir. S'exiler encore ! Après avoir fui Corinthe, être maintenant banni de Thèbes et ne plus jamais revoir ceux qu'il aimait le plus au monde, son épouse et ses enfants ! Pourquoi les dieux s'acharnaient-ils contre lui ?

Tel un animal pris au piège, Œdipe se débattait. Il arpentait la pièce, s'effondrait auprès de Jocaste, puis reprenait sa marche hagarde. Une fois de plus, Jocaste le prit dans ses bras. Oui, elle était inquiète, elle aussi ; mais elle gardait espoir tant que le berger n'aurait pas témoigné. Ces mots firent tressaillir Œdipe. Prenant fermement les mains de Jocaste, les yeux brillant d'un espoir fou, il lui rappela ce qu'elle avait dit, ce que tous disaient d'ailleurs : le seul survivant avait parlé de brigands assaillant Laïos. C'était ce pluriel qui le mettait hors de cause ! On ne pouvait confondre un seul homme ou plusieurs. Moitié riant, moitié pleurant, Jocaste approuvait. Même si le berger modifiait quelque peu ses dires, comment croire cette version nouvelle plutôt que la première ? Et surtout, Apollon n'avait-il pas annoncé que Laïos devait périr sous la main de son fils ? Or, ce ne pouvait pas être ce nouveau-né exposé qui l'avait tué, non puisqu'il était mort bien avant Laïos ! Désormais, elle n'accorderait pas plus de croyance que cela à une prophétie.

Les deux époux se sourirent. Il n'était plus besoin de parler. Ils savaient qu'ils vivaient cet instant à l'unisson : un rocher à fleur d'eau où abordaient deux naufragés après une tempête. L'aube aux doigts de rose colorait à peine l'horizon. Ils se regardèrent, la fatigue creusait leurs traits. Une indicible tendresse les unissait. Il leur sembla qu'ils se connaissaient depuis toujours, qu'ils étaient familiers et ce, dès le premier instant où ils avaient été mis en présence l'un de l'autre. Pas un seul instant, leur différence d'âge n'avait été un obstacle à leur amour. Au contraire, Œdipe aimait les gestes quasi maternels que lui prodiguait Jocaste et elle, avait été touchée, dès le premier regard, par sa juvénilité. Œdipe la souleva de terre et la déposa sur leur lit où quelque temps plus tôt, ils avaient fait ressurgir leurs passés douloureux. Demain, le roi convoquerait ce berger qui, il n'en doutait plus, mettrait fin à son incertitude.

Documentation

VII

Le théâtre dans la Grèce antique

Chaque année, au mois de mars, des fêtes se déroulaient en l'honneur de Dionysos, le dieu du vin, de l'entente et de la joie du cœur. Elles duraient cinq jours et étaient l'occasion de sacrifices au dieu, de danses et de rites animés, en particulier des chants alternés (les dithyrambes) entre un soliste et un chœur. La tragédie venait de naître.

Déroulement des Dionysies : bien avant les fêtes, l'archonte (citoyen tiré au sort pour gouverner la cité pendant un an) attribuait un chœur de quinze choreutes et des acteurs professionnels aux trois poètes qui concouraient pour les festivités. Acteurs et choreutes répétaient grâce à l'aide financière d'un chorège. Ce dernier manifestait ainsi sa munificence et son dévouement à la cité. Juste avant les Dionysies, à l'Odéon, le public était averti des titres, des auteurs et du sujet des pièces qui allaient être présentées. Quand le grand jour arrivait, une foule d'hommes et de femmes se dirigeait vers le théâtre. Ils payaient leur place, sauf les plus démunis, et allaient s'asseoir sur les gradins de bois ou de terre. Au premier rang siégeaient les invités d'honneur. Le prêtre de Dionysos sacrifiait un porcelet au dieu. Les fêtes pouvaient alors commencer : trois jours de représentations, à raison d'un jour par auteur et de trois pièces par jour.

Les acteurs : ils étaient tous des hommes. Comme ils n'étaient que deux ou trois, ils jouaient plusieurs rôles grâce aux masques qui dissimulaient leurs visages. Rehaussés par des chaussures à larges et hauts talons, ils étaient vus de tout le public.

VIII

La vérité

LE LENDEMAIN, tandis qu'Œdipe ordonnait à ses gardes d'aller par monts et par vaux à la recherche du berger, Jocaste s'apprêtait à se rendre dans le temple d'Apollon afin de l'orner de guirlandes de fleurs et d'y déposer de précieux parfums. Elle voulait aussi prier le dieu : qu'il rende à Œdipe un cœur ferme et qu'il ne cède pas à l'épouvante, lui, qui tenait dans ses mains la barre de leur vaisseau ! Elle attendait ses filles, Ismène et la petite Antigone que la nourrice avait dû arracher à ses jeux guerriers avec ses frères, Étéocle et Polynice. Enfin, les deux enfants arrivèrent, toutes vêtues de blanc. Alors qu'elle était prête à partir avec ses servantes munies des fleurs et des vases à parfum, un garde vint l'avertir qu'un étranger venait de franchir les portes de Thèbes et demandait à voir Œdipe afin de lui transmettre un message important. Jocaste demanda d'où il venait. De Corinthe. Au nom de cette ville, le cœur de Jocaste se mit à battre la chamade. Puisqu'elle se trouvait là, elle le recevrait. Un instant plus tard, ayant renvoyé les fillettes à leurs jeux, elle vit apparaître un homme blanchi par les ans. Il s'inclina devant elle avec courtoisie.

— Sois bénie par les dieux, ô toi, l'épouse d'Œdipe.

— Qu'il en soit de même pour toi, étranger. Mais dis-moi donc la nouvelle importante dont tu es porteur.

— J'arrive de Corinthe et ce que je viens t'annoncer t'apportera joie et tristesse aussi sans doute. Le roi Polybe, mon seigneur, est mort et le peuple veut placer ton époux sur le trône.

— Polybe est mort ! Esclave, va-t'en vite porter la nouvelle à ton maître. Non, reste ! Je cours la lui annoncer moi-même.

Elle courait, Jocaste, et son cœur bondissait de joie dans sa poitrine. Quoi ! voilà un homme qu'Œdipe fuyait depuis des années tant sa terreur était grande de le tuer et cet homme mourait sans que son fils y fût pour quelque chose. Où étaient-elles les prophéties divines ? Enfin, voici Œdipe.

— Œdipe, viens. Vite, suis-moi ! Un étranger nous vient de Corinthe qui veut te parler. Il dit que Polybe, ton père, est mort !

Pris dans le tourbillon de paroles et d'effusions de Jocaste, Œdipe arriva jusqu'à l'étranger. Œdipe questionna, on lui répondit. Oui, mort. Non, aucun complot. Oui, la maladie et la vieillesse assurément. Œdipe et Jocaste échangèrent un long regard où se lisait leur défiance, maintenant confirmée, à l'égard des prédictions. Ils s'éloignèrent du vieil homme qui avait manifesté quelque surprise devant cet assaut de questions pour une mort qui était parfaitement naturelle.

— À moins que Polybe ne fût mort de chagrin par ma faute, ce ne serait que dans ce sens que je serais responsable, dit Œdipe à Jocaste.

— Es-tu rassuré ?

— Mais pour ma mère ?

— Pourquoi t'effrayer sans cesse ? Aucun mortel n'est sûr de rien et le mieux est de prendre la vie telle qu'elle se présente. Crois-moi, tu n'as pas à craindre d'épouser Mérope : combien d'hommes n'ont-ils pas, dans leurs rêves, partagé le lit de leur mère. Il ne faut pas attacher d'importance à de telles choses si l'on veut que la vie soit légère. Et quel soulagement de savoir ton père au tombeau !

— Oui, mais ma mère est encore vivante, et c'est elle qui me fait peur maintenant.

Le vieillard, que cet aparté intriguait, s'était approché et avait entendu les derniers propos d'Œdipe. Il demanda la cause d'une telle crainte. Sans s'offusquer d'une telle intrusion, car le vieillard lui inspirait confiance, Œdipe répondit. Il lui rapporta l'oracle qui lui annonçait qu'il serait parricide et incestueux. Voilà pourquoi il avait fui à tout jamais des parents qu'il aimait et sa patrie. Rien ne l'y ferait revenir tant que l'un d'eux serait encore vivant, pas même la couronne dont on voulait lui ceindre le front. L'étranger souriait et regardait Œdipe avec tendresse.

— Tu n'es pas le fils de Polybe, se borna-t-il à dire. Tu fus un don du ciel que je lui remis de mes propres mains et tu l'as conquis.

— Que dis-tu ? Tu m'avais donc acheté ou trouvé ?

— Trouvé, dans un vallon boisé du Cithéron où je menais paître mes troupeaux transhumants. Oui, c'est moi, un simple berger, qui t'ai sauvé la vie, mon enfant, en ce temps-là !

— Sauvé la vie ?

— Oui, c'est moi qui dégageai tes deux pieds transpercés, comme ton nom en témoigne.

— Un enfant exposé, je suis un enfant exposé ! Qui l'a voulu ? Mon père ? Ma mère ? Par tous les dieux, réponds !

— Je ne sais pas, c'est un autre berger qui t'a donné à moi.

— Qui ? Dis-moi qui !

— Un berger de Laïos, l'ancien roi de ce pays.

— Est-il encore vivant ? Sais-tu où il se trouve que je le voie ?

— C'est vous qui pourriez le savoir mieux que moi.

Œdipe, devenu comme fou, se tourna vers les servantes leur demandant le nom de ce berger. N'obtenant d'elles qu'un mouvement craintif de la tête, il se précipita sur les gardes : ce berger était-il aux champs? En ville? L'avait-on vu récemment? La vérité devait éclater une fois pour toutes!

Rempli d'incertitude, Œdipe se retira, laissant là Jocaste et l'émissaire de Corinthe. Sur sa route, il croisa ses enfants. Comme à l'accoutumée, Étéocle et Polynice se battaient pour savoir lequel d'entre eux occuperait le trône qu'Ismène avait dessiné dans la poussière de l'une des cours. Antigone, la plus jeune, prenait la défense de l'un ou l'autre de ses frères, mais toujours celle du plus faible. De ses petits poings, tantôt elle frappait le vainqueur tantôt cherchait à relever le vaincu qui mordait la poussière. Comme il les aimait ses enfants! mais il hésita à interrompre leur jeu pour les serrer contre lui. D'ailleurs, il avait besoin de solitude. Que d'événements en si peu de temps! Soudain, le souvenir de son père Polybe l'envahit. Son père… non, il ne l'était pas, ainsi qu'il venait de l'apprendre. Pourtant… Œdipe revit son enfance à Corinthe et toutes les images qui surgissaient de sa mémoire lui montraient Polybe à ses côtés. Combien de fois avait-il dit « papa »? Comme il avait eu hâte de grandir afin de pouvoir lui ressembler en tous points! Maintenant Polybe n'était plus. En cette heure, Œdipe mesura combien son père lui avait manqué pendant toutes ces années d'absence. Il comprit aussi ce qu'il lui avait fallu d'efforts pour le reléguer au plus profond de sa mémoire. Il eut brusquement l'envie irraisonnée de le voir, de l'embrasser, maintenant, tout de suite, ici. Était-ce lui qui venait de l'appeler, car il en était sûr, quelqu'un venait de crier son nom… Que n'était-il Odysseus[6] pour pouvoir, comme lui, descendre aux Enfers ! Mais Polybe était mort sans qu'il l'ait revu, à cause d'une prophétie… Mais qui était vraiment son père et pourquoi l'avait-il exposé ?

Œdipe réalisa soudain que Jocaste se tenait à ses côtés. Un esclave la suivait. La reine était pâle et défaite, et les mains qu'elle posa sur Œdipe tremblaient.

— Que veux-tu, demanda Œdipe à l'esclave qui attendait.

— Tes gardes ont retrouvé le berger qui accompagnait Laïos. L'étranger, venu de Corinthe, a dit qu'il le reconnaissait. Tous deux t'attendent.

— J'y vais.

D'une voix vibrante, Jocaste l'arrêta :

— Renonce à savoir de qui tu es le fils ! Oublie ce qui a été dit. Cela n'a aucune importance et nous tourmente inutilement.

— Nous ? Tu redoutes mes origines ? qu'elles soient trop modestes pour toi ? Mais n'aie crainte, même si j'étais fils de bouvier ou d'esclave, cela n'entachera pas la noblesse de ta naissance !

— Non, ne va pas plus loin dans cette enquête, je t'en supplie !

Jocaste était tombée à genoux et entravait maintenant les mouvements d'Œdipe. Il la repoussa sans ménagement et passa outre ses supplications. Une dernière fois, Jocaste le mit en garde tandis qu'il s'éloignait sans lui prêter attention :

— Malheureux ! Puisses-tu ne jamais apprendre qui tu es !

La reine se retrouva seule. Lentement, très lentement, elle se releva. Il lui sembla que tout chavirait autour d'elle, que le sol se dérobait, qu'elle sombrait dans une nuit épaisse.

6. Odysseus : nom grec d'Ulysse.

Elle dut s'appuyer au mur. Chancelante, elle regagna sa chambre et, repoussant ses servantes qui voulaient la soutenir, ferma derrière elle les lourds battants. Inquiètes, les esclaves entendirent Jocaste parler seule et pleurer tout à la fois. Cela dura quelque temps puis, tout à coup, un silence oppressant.

Œdipe avait regagné la salle d'audience. Un homme courbé par les ans se tenait entre les gardes qu'il avait envoyés à la recherche du seul rescapé du meurtre de Laïos. À peine Œdipe s'était-il assis sur son trône que, désignant le berger, le Corinthien dit :

— Seigneur, voici l'homme que tu cherchais tout à l'heure. C'est lui qui m'a remis l'enfant.

L'homme restait silencieux et baissait obstinément la tête. Œdipe, alors, quitta son siège et vint se placer devant lui. Il dominait de plus d'une tête ce malheureux vieillard, penché sur son bâton. Une pluie de questions, posées tantôt par Œdipe, tantôt par l'ambassadeur de Corinthe, s'abattit sur ses épaules. C'était à peine s'il avait le temps de répondre. Oui il appartenait bien, dans le temps, à la maison de Laïos, en tant qu'esclave de naissance. Il était alors berger, six mois sur le Cithéron, six mois dans les pâtures avoisinantes. Non, il ne reconnaissait pas cet homme. En y réfléchissant, peut-être... mais cela faisait si longtemps ! Il n'avait jamais eu la mémoire des visages. Un enfant qu'il lui aurait donné pour le soigner ? Pourquoi cette question ?

— Parce que le voilà ! C'est lui le nouveau-né de jadis ! s'exclama le Corinthien, montrant Œdipe.

— Tais-toi ! s'écria le berger, dressant son bâton comme une menace.

Œdipe s'interposa. Le pâtre devait parler sinon il tâterait du fouet. Souffrant mille morts, harcelé par les questions de son roi, l'homme révéla, bribe par bribe, toute la vérité sur la naissance d'Œdipe...

— Je l'ai laissé entre les mains de cet homme, poussé par un mouvement de pitié, maître... Je pensais qu'il l'emporterait ailleurs, dans son pays. Et voilà qu'il l'a sauvé pour le pire des désastres! Si tu es vraiment celui qu'il prétend, alors tu portes le malheur dans ton sang, sache-le.

Quand tout fut dit, le roi se prit la tête entre les mains. Et au milieu du profond silence qui régnait dans la pièce, il prononça ces dernières paroles :

— Ah! tout se sera donc accompli point par point puisque aujourd'hui, je me révèle être le fils de qui je ne devais pas naître, l'époux de qui je ne devais pas l'être, le meurtrier de celui que je ne voulais pas tuer!

Œdipe savait maintenant la vérité. Il quitta la pièce.

C'était donc dans cette pièce, dans ce lit que... qu'elle... Jocaste ne put achever sa pensée. L'horreur se lisait dans ses yeux. Trop de soleil, de lumière pour la nuit qui s'était abattue sur elle. La reine se rua sur les rideaux et les ferma violemment. Œdipe devait savoir maintenant... Elle, elle savait depuis l'instant où l'étranger avait parlé de l'enfant et de ses pauvres pieds mutilés! Jusque là ces traces sur les talons d'Œdipe n'avaient été pour elle que les cicatrices d'une chasse malheureuse. Lentement, elle s'approcha du lit, puis s'en écarta soudain avec répulsion. Ce lit où elle avait enfanté un époux de son mari, et des enfants de son propre enfant! Était-ce sa faute? Celle d'Œdipe? Aux yeux de tous, ils seraient coupables. Sans doute, toute la ville s'emparait-elle à ce moment même de cette atroce révélation, et les bouches, comme le vent, l'emportaient-elles déjà loin, très loin hors des murs de Thèbes.

L'oracle s'était accompli... Cette pénombre n'était pas assez sombre, elle désirait l'obscurité à jamais.

Une fois encore, Œdipe fuyait et, dans sa course, il heurta les servantes apeurées de Jocaste. La plus hardie osa l'entreprendre malgré son air farouche :

— Maître, Jocaste s'est enfermée et ne répond pas à nos appels...

Devinant que l'horreur n'était pas parvenue à son terme, il se précipita contre les lourds vantaux de la porte de bois. Enfin, d'un dernier coup d'épaule, il réussit à la faire céder. Des hurlements éclatèrent, celui d'Œdipe, puis celui des femmes épouvantées. Là, oui, pendue, Jocaste se balançait au bout d'un lacet tressé ! Rugissant, Œdipe se rua sur le corps et dénoua le lien. Lorsqu'il eut reçu le pauvre corps inerte dans ses bras, il l'étreignit, puis le déposa sur le lit. Les gardes, les valets, les esclaves avaient accouru et se tenaient en retrait auprès des servantes étouffant de leurs mains les sanglots qui les secouaient. Tout à coup, ils virent Œdipe arracher les agrafes d'or qui ornaient les vêtements de Jocaste, les brandir et s'en labourer les yeux.

— Voilà pour vous, mes yeux. Ainsi vous ne verrez plus les horreurs dont je suis la victime et le coupable ! hurlait-il en même temps qu'il ne cessait de frapper ses orbites. Vous ne verrez plus Étéocle, Polynice, Ismène et Antigone que vous n'auriez jamais dû voir ! Vous ne verrez pas aux Enfers Laïos, que j'aurais voulu connaître ! Pourquoi m'as-tu sauvé la vie, maudit berger ! Quelle cruauté tu m'as fait subir sans le savoir !

Les coups pleuvaient au rythme de chaque phrase, de chaque mot, et le sang giclait de ses prunelles dévastées en inondant sa barbe qui ruissela bientôt d'un sang noir et épais.

Cependant, l'une des servantes de Jocaste s'était enfuie quand Œdipe avait ouvert la porte et que le corps de sa maîtresse lui était apparu. Elle courait, la malheureuse, malgré les ans, malgré le chagrin qui oppressait sa poitrine. Enfin, la demeure de Créon ! Lorsque Créon apprit le drame qui venait d'avoir lieu, il se mit immédiatement en route pour le palais. Il eut quelques difficultés à se frayer un passage, tant la foule massée sur le seuil était dense : pas un membre du conseil des Anciens ne manquait. Pénétrant plus avant, il remarqua une tache sombre sur le sol. Ses yeux s'habituaient peu à peu à l'obscurité. Il reconnut la silhouette familière, s'approcha et se pencha vers Œdipe agenouillé. Ce fut alors qu'il vit les orbites sanglantes. Horrifié, il détourna le visage puis, se maîtrisant, il s'adressa à lui, ses yeux fuyant les plaies :

— Malheureux, qu'as-tu fait ?

— Créon ! Jette-moi hors de ce pays au plus vite. Laisse-moi aller sur le Cithéron. Il est à moi, puisque c'est là que mon père et ma mère voulaient me voir mourir…

Puis se ravisant :

— Non, cela n'a pas d'importance. Que mon destin suive son cours, où qu'il aille ! Auparavant, écoute mes derniers vœux. À celle qui gît là, fais les funérailles que tu désireras. Il y a aussi mes enfants… Ne t'inquiète pas pour mes garçons. Ce sont des hommes, ils ne manqueront jamais de pain. Mais mes deux pauvres petites, prends soin d'elles, je t'en supplie ! Je n'y vois plus, Créon. M'autoriseras-tu à les toucher de mes mains une dernière fois. Je t'en prie !

Un mouvement se fit dans la foule et des bras poussèrent vers leur père Ismène et la petite Antigone. Quand il entendit les pleurs étouffés de l'une et les reniflements de l'autre, Œdipe les attira à lui, les appela ses trésors, et caressa leurs cheveux et leurs traits enfantins. Il leur dit que leur père avait tué son propre père, que leur mère à elles était la sienne à lui

«Voilà pour vous, mes yeux. Ainsi vous ne verrez plus les horreurs dont je suis la victime et le coupable!»

aussi, et que l'oracle le lui avait prédit quand il était allé à Delphes, autrefois. Il avait tenté d'échapper à ce destin, de toutes ses forces, mais nul ne pouvait échapper à la destinée voulue par les dieux. Par sa faute, leur vie serait difficile. On les rejettérait souvent. Sans doute, pleureraient-elles de ne pas participer aux fêtes et de ne trouver aucun mari qui veuille d'elles.

— Créon, puisque tu es le seul à pouvoir leur servir de père, ne laisse pas mes filles, qui sont de ton sang, mendier leur pain, et errer sans époux. Elles n'ont plus que toi pour les soutenir. Promets-le moi, prince généreux, et touche ma main si tu accèdes à ma prière. Et vous, mes enfants, priez les dieux pour qu'ils vous accordent une vie meilleure que celle de votre père.

— Œdipe, tu as assez gémi. Allons, suis-moi maintenant. Et vous aussi, vénérables vieillards. Devant eux, Œdipe, je t'apprendrai le sort que je te destine.

S'appuyant sur un bras secourable, Œdipe suivit Créon escorté par le conseil des Anciens de Thèbes.

Documentation

VIII

La destinée tragique des Labdacides

L'aventure tragique d'Œdipe ne prend tout son sens que si on la replace dans son histoire familiale. Le fils de Labdacos, mentionné au premier chapitre, n'est autre que Laïos, qui fut chassé de Thèbes à la mort de son père. Il se réfugia donc à la cour du roi Pélops. Là, il s'éprit du fils du roi, Chrysippos. Sa passion était telle qu'il enleva le jeune homme, provoquant la colère de Pélops, qui le maudit. Les usurpateurs de son trône étant morts, Laïos s'en retourna à Thèbes, appelé par son peuple à régner. Mais les dieux avaient entendu la prière de Pélops : ils envoyèrent la Sphinx afin de châtier Laïos et lui firent savoir par l'oracle de Delphes que la lignée des Labdacides devrait s'éteindre avec lui ou sombrer dans l'horreur

Arbre généalogique des Labdacides

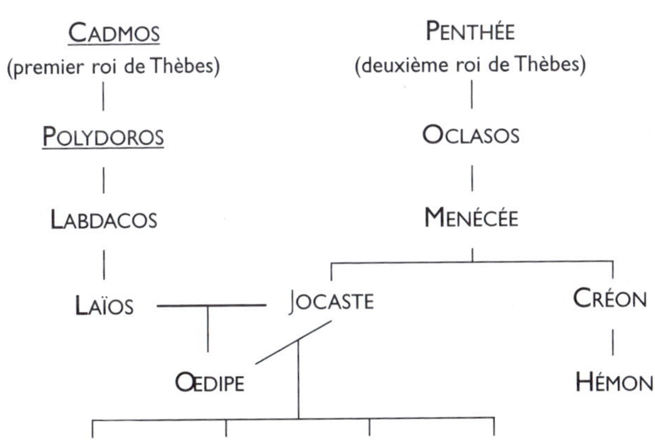

IX

Œdipe mendiant

USANT UNE VIE MISÉRABLE au fond d'un recoin obscur du palais, Œdipe ne cherchait plus à compter les jours. Depuis combien de temps était-il gardé là ? Quelques mois, des années ? Oui, sans doute des années… Créon ne l'avait pas fait lapider, ni même bannir, ainsi qu'il l'avait supplié. Non, il avait préféré lui faire subir la dure loi que lui-même avait édictée : personne pour parler avec lui (si ce n'était pour les besoins quotidiens), personne pour le recevoir, lui tendre la main dans sa douleur. Pire que l'obscurité à laquelle ses yeux saccagés le condamnaient, il subissait le silence, la solitude, le temps qui ne finissait pas… Plus que de la nourriture que lui portait un garde, il se nourrissait de ses souvenirs… La douleur, d'abord, vrillant ses orbites ensanglantées, l'avait, pour un temps, éloigné des événements tragiques qui avaient anéanti sa vie. Sa vie… Malheureux ! Maintenant que ses yeux avaient cicatrisé, qu'il ne souffrait plus, Œdipe réalisait : chaque pas qu'il avait fait, chacun de ses actes, au lieu de l'éloigner du destin auquel il croyait échapper, l'avait au contraire précipité vers l'issue fatale, promise par les dieux. Quelle ironie ! Mais alors était-il coupable ? Ses actes abominables, il les avait subis, non commis volontairement. Il s'était longtemps cru un criminel né, et cette pensée l'avait mené aux confins de la folie. Mais depuis peu, il songeait qu'il n'avait que rendu le mal qu'on lui avait fait. Et encore, avait-il agi sans savoir, tandis que Laïos, lui, avait voulu sa mort ! Sa fureur n'avait-elle pas trop durement puni ses erreurs passées ? Il aspirait maintenant au repos. Sa douleur mûrissait… Puis, vint le temps où la pensée de mourir dans sa ville natale lui fut douce. Sa fureur contre lui-même était rassasiée. Seuls ses fils l'inquiétaient. Solidaires de leur père, trop jeunes encore, ils avaient accepté, sans mot dire, que Créon prit en main les affaires du royaume. Ils se pensaient maudits, eux aussi, et craignaient de faire le malheur de Thèbes, malgré eux, s'ils montaient sur le trône. Mais ils avaient grandi et la rage du pouvoir s'était emparée d'eux. Alors qu'Ismène et Antigone continuaient à vénérer leur père, ils le méprisaient ouvertement. Et voici que le cadet, Étéocle, celui auquel l'âge donne le moins de droits, disputait le sceptre à son aîné. Mais avant de pouvoir le prendre, il leur fallait chasser Œdipe. Au fil des semaines, ils multipliaient les gestes offensants à son égard.

Ce fut ainsi qu'un jour, ayant fait un sacrifice, Étéocle et Polynice osèrent lui faire parvenir, non pas l'épaule de la victime, morceau noble que chaque famille, traditionnellement, destinait au plus âgé, mais la cuisse. Œdipe s'en aperçut. Irrité par cette nouvelle offense, il laissa éclater sa colère :

— Où est le respect que des fils doivent montrer à leur père ? Si mes yeux ne voient plus la lumière du jour, ils perçoivent maintenant la vérité des êtres. Soyez maudits, fils indignes ! À peine saviez-vous tenir sur vos jambes que vous vous battiez déjà. Aujourd'hui, une fois encore, vous vous apprêtez au combat, mais ce sera le dernier, car vous mourrez chacun sous le fer de l'autre ! Vos mains seront souillées à tous deux d'un sang fratricide !

Cette malédiction fut aussitôt rapportée à Créon, qui se rendit auprès d'Œdipe.

— Ce n'était donc pas assez pour toi de commettre un parricide et un inceste ! Il te faut maintenant maudire tes propres fils et appeler sur Thèbes de nouveaux malheurs ! Mais je ne te laisserai pas faire. Tu voulais partir, être exilé. Eh bien ! aujourd'hui, c'est moi qui te chasse ! Quitte à tout jamais ce sol que tu as souillé par tes crimes infâmes !

— Créon, pourquoi me chasser maintenant ? Dois-je tolérer que mes fils m'insultent, sans rien dire ? L'accepterais-tu d'Hémon, ton fils ? Dois-je renoncer à toute dignité au nom de mes erreurs passées ?

— Va-t'en !

— Où irai-je, maintenant que je suis vieux et aveugle ?

— Là où tes pas te guideront.

Sur ces dernières paroles, Créon laissa Œdipe à ses pensées.

La nouvelle s'était répandue dans toute la ville et même dans les campagnes environnantes.

— Créon chasse Œdipe de Thèbes !

— Et ses fils, qu'en disent-ils ? N'ont-ils pas pris sa défense ?

— Non, ils laissent faire…

Ce jour-là, à l'aube, les lourdes portes du palais s'ouvrirent sur la ville endormie. Une silhouette se dessina bientôt sur le seuil, puis deux autres, plus petites, plus frêles. Dans la lumière blafarde du petit jour, elles s'étreignirent longuement, mêlant les murmures et les sanglots. Mais le garde s'impatientait, il fallut se quitter. Ismène remit à son père une besace contenant déjà une outre emplie d'eau, une galette de froment, une poignée d'olives et quelques fromages de chèvre. En prenant le sac, Œdipe caressa la belle chevelure d'Ismène. « La même que celle de Jocaste », ne put s'empêcher de songer Œdipe. Antigone, elle, résistait de toutes ses jeunes forces pour ne pas pleurer. Elle tendit, d'un geste brusque, un bâton à son père. Ce dernier sourit au contact du bois. Ce bâton lui serait maintenant plus utile que la lance, qu'il avait si souvent maniée. Il pressa, dans un geste d'affection, l'épaule de sa dernière fille. Sentant qu'une vague d'émotion l'envahissait, il se redressa, ajusta la besace sur son épaule et se mit à descendre les marches. « Ne pas trébucher, ne pas tâtonner ! » s'ordonnait-il, « au moins jusqu'à ce qu'elles ne me voient plus ! » Il avait refusé l'aide du garde qui devait l'accompagner jusqu'aux portes de la ville. Pas un bruit, juste ses pas et ceux du garde. Mais Œdipe devinait, derrière ses yeux privés de lumière, les portes qui s'entrouvraient après son passage, les regards qui le suivaient et les propos qui s'échangeaient à voix basse. Il redressa la tête un peu plus, mais son pied heurta une pierre et il s'effondra dans la poussière. D'autorité, le garde lui prit le bras et ils reprirent leur marche. Après de longues minutes, qui parurent des heures à Œdipe, ils arrivèrent devant l'une des portes de Thèbes. Œdipe entendit le grincement familier des lourds battants qu'on poussait. Il savait que devant lui s'étendaient des champs d'oliviers, plus loin des vignes et, plus loin encore, des montagnes. L'inconnu s'ouvrait devant lui… Soudain, il lui sembla percevoir le bruit d'une course derrière lui. Il sentit une présence à ses côtés, puis une petite main se glissa dans la sienne. Elle le tirait vers l'extérieur.

— Antigone ! Que fais-tu là ? Retourne au palais.

— Non. Ma place est avec toi. Je l'ai su quand je t'ai vu partir.

— Mais, sais-tu au moins ce qui t'attend si je te laisse faire ?

— Je le sais, mais j'ai choisi. Comment pourrai-je manger si je crains que, toi, tu ne manges pas ? Comment pourrai-je dormir dans un lit, alors que, toi, tu dormiras à même le sol ? Comment pourrai-je m'abriter de la pluie, alors que, toi, tu n'auras pas de toit ? Comment pourrais-je savoir où je vais, alors que, toi, tu ne vas nulle part ? Je ne suis plus une enfant, père. J'ai presque seize ans. Je suis une femme, maintenant.

Que dire ? Le ton d'Antigone était ferme, décidé. Œdipe comprit qu'il ne parviendrait pas à la dissuader de l'accompagner. Il se reconnut dans sa volonté. Soudain, Œdipe sentit un soulagement en son for intérieur : pour la première fois de sa vie, il se laisserait guider.

— Alors suis-moi, Antigone. Puisque je ne vois plus, tu seras mes yeux, et ton épaule me tiendra lieu de bâton.

— Ô père, merci ! murmura Antigone avec ferveur, en s'agenouillant et en lui baisant la main. Je mendierai pour toi l'eau et le pain et, comme toi, je vivrai à l'écart des hommes et des bêtes. Je respecterai ton silence et ta solitude.

Tous les deux se turent : il n'y avait plus rien à dire.

Puis les jours s'écoulèrent, au rythme de leurs pas, au rythme de leurs peines et de leurs joies. Les vivres d'Ismène ne durèrent que deux jours. Commença alors pour eux la dure vie des suppliants. Tant qu'il faisait jour, ils marchaient, cherchant les sources pour étancher la soif ardente qui asséchait leurs bouches. Lorsqu'ils croisaient un cours d'eau, Antigone s'y ébrouait comme un jeune animal. Puis relevant un pan de sa tunique qu'elle avait humidifié, elle rafraîchissait le visage d'Œdipe, lavait ses mains et ses pieds maculés de poussière. À la nuit tombante, elle choisissait un endroit à l'abri du vent où elle amassait un lit de feuilles et d'herbes sèches. Elle y installait son père et partait en quête de nourriture dans le village le plus proche. Il n'était pas un hameau, pas une ferme où l'on ait eu vent de la tragique histoire d'Œdipe. Certains habitants se détournaient dès qu'ils comprenaient que cette jeune fille maigre était la fille du roi déchu, mais la plupart, hommes et femmes, tiraient de leur coffre une ou deux miches de pain, et du seuil de leur maison, les lui lançaient. Antigone se baissait et les ramassait. Elle ne leur en voulait pas de ce geste, car c'était elle qui avait choisi de subir la dure loi des proscrits. Elle savait aussi que celui qui venait de lui accorder sa pitance devrait aussitôt se purifier.

Après l'été vinrent les rigueurs de l'hiver : les longues marches sous les averses glacées, le vent qui s'insinue partout et ne laisse aucun répit, la boue qui entrave les pieds et ralentit l'allure. Mais bravant les éléments, Œdipe continuait son errance sans relâche, ne s'accordant que le repos de la nuit. Antigone souffrait mais s'interdisait toute plainte. Aujourd'hui, qui la reconnaîtrait ? Amaigrie, le visage tanné par la vie au grand air, sa tunique en lambeaux, les pieds et les mains meurtris par de nombreuses chutes, elle aussi avançait obstinément. Thèbes, la Béotie étaient maintenant loin derrière eux. Le paysage avait insensiblement changé. C'était ce qu'Antigone était en train de raconter à Œdipe :

— La terre, ici, semble plus fertile. D'un côté, je vois des oliviers à perte de vue et, de l'autre, des champs bien cultivés qui promettent de belles récoltes. Le printemps est déjà là, père. Nous traversons maintenant un lieu consacré. Attention devant toi ! Une ornière.

Œdipe, guidé par la voix de sa chère Antigone, évita l'obstacle. La jeune fille, gênée par un soleil déjà printanier, mit sa main en visière afin de voir loin devant elle. Il lui sembla distinguer les remparts d'une ville. Une grande ville. Elle en informa aussitôt son père qui lui demanda d'aller se renseigner tandis qu'il se reposerait au milieu des lauriers, des vignes et des oliviers qu'elle lui avait décrits. Antigone avisa alors un homme qui se dirigeait justement vers eux. Elle fit quelques pas à sa rencontre, mais n'eut pas le temps de le questionner : il l'apostropha violemment.

— Ignorants, quittez ce lieu immédiatement. Ne savez-vous pas qu'il est consacré aux Euménides, les Déesses redoutables !

— Étranger, intervint alors Œdipe, laisse un pauvre suppliant se reposer un moment, et dis-moi où nous sommes, et si les hommes qui habitent cette terre peuvent nous accueillir.

— Vous êtes ici à Colone.

— Et la ville dont ma fille m'a parlé ? demanda Œdipe.

— Athènes, que gouverne Thésée, fils d'Égée et notre roi. Tu es noble, on le voit. Un grand malheur a dû te frapper, si j'en juge d'après les apparences.

— Dis à ton roi qu'Œdipe demande à le voir. Il ne regrettera pas d'être venu jusqu'à moi car un oracle m'a prédit qu'après une foule de maux, je trouverais un abri chez les Déesses redoutables et deviendrais un bienfaiteur pour ceux qui m'accueilleraient. Antigone, c'est un présage qui a guidé mes pas jusqu'à ce bosquet sacré !

— Reste là le temps que je fasse prévenir Thésée de ton arrivée !

Et l'homme s'en fut à grands pas dans la direction d'Athènes.

Les deux vagabonds s'assirent au pied d'un arbre et attendirent. Quel sort la ville allait-elle leur réserver ? Thésée accorderait-il crédit aux paroles d'Œdipe ? ou devraient-ils, une fois encore, reprendre leur marche harassante ? Puis le silence s'installa entre eux. Soudain, Antigone se dressa et scruta la longue route qu'ils venaient de parcourir. Mais cette frêle silhouette à cheval, ce chapeau qui protège le visage des rayons du

« Antigone attendit quelque temps, le cœur battant, que le cavalier et sa monture fussent plus proches avant de réveiller son père qui avait sombré dans un profond sommeil. »

soleil… serait-ce ? Antigone attendit quelque temps, le cœur battant, que le cavalier et sa monture fussent plus proches avant de réveiller son père qui avait sombré dans un profond sommeil. Mais oui ! c'était sa sœur ! Joyeuse, elle courut au devant d'Ismène et les deux sœurs s'étreignirent longtemps avant de pouvoir prononcer un seul mot. Ismène reprit la première ses esprits.

— Comme tu es maigre ! Et ta tunique ?

Antigone baissa les yeux sur son vêtement. Le bas en était déchiré et tout effiloché. Et de blanc à l'origine, il était devenu d'une couleur indéfinissable à cause des intempéries, de la poussière et de la boue.

— Je l'ai lavée plusieurs fois, mais certaines taches ne partent plus.

— Et notre père ? demanda Ismène d'une voix inquiète.

— Il est là, sous cet arbre. Il se repose. Je vais le réveiller. Comme il va être heureux de te retrouver ! Nous parlons chaque jour de toi. Tu lui manques.

Mais Œdipe, alerté par le bruit des voix, s'était éveillé et interrogeait Antigone.

— À qui parles-tu, mon enfant ?

— À ta fille, à ma sœur ! s'exclama joyeusement Antigone.

Déjà, Ismène se serrait contre son père. De ses grandes mains calleuses, Œdipe caressa la belle chevelure. Oui, c'était bien là sa fille aînée. Il attira contre lui ses deux chères enfants. Ismène se mit à pleurer.

— Tu pleures sur la misérable vie que nous menons, Antigone et moi ? lui demanda-t-il.

— Et sur la mienne aussi.

— Pourquoi es-tu venue ? Et tes deux frères, que deviennent-ils ?

Ismène, alors, raconta. Depuis le départ de leur père, Polynice et Étéocle se livraient un combat sans merci pour le pouvoir. Polynice, étant l'aîné, le trône lui revenait de droit, mais voici qu'Étéocle s'en emparait et chassait son frère de Thèbes.

— La rumeur dit que Polynice se trouve dans la plaine d'Argos. Il a contracté de nouvelles alliances, et c'est avec une puissante armée qu'il s'apprête à attaquer Thèbes et son frère. Et ce ne sont pas de simples mots, père, ce sont des actes, et qui font peur ! Et puis, il y a eu cet oracle qui annonce que le lieu où tu seras, vivant ou mort, sera béni par les dieux. C'est pourquoi, chacun de tes fils te veut dans son camp, et te demande de revenir à Thèbes…

Ismène ne put terminer sa phrase. Œdipe, ivre de rage, insultait ses fils, les scélérats, qui avaient refusé de prendre sa défense lorsque Créon l'avait chassé, jeté sur les routes. S'il était encore en vie, il le devait à ses filles, rien qu'à elles ! Jamais, il ne serait l'allié de ses fils. Jamais il ne retournerait à Thèbes ! Enverraient-ils Créon, qu'il ne le suivrait pas ! D'ailleurs, un présage l'avait averti qu'il mourrait ici, à Colone, si Thésée le voulait bien.

— Une fois de plus, mes filles, je vous demande de ne pas m'abandonner en ces circonstances : mon corps serait bien incapable d'aller son chemin, sans guide.

Sur ces mots, il se tut. Tout à coup, Antigone, qui regardait la route, s'écria :

— Père, il arrive !

Documentation

IX

L'hospitalité

En Grèce, l'hospitalité était un devoir sacré car le suppliant (nom donné à celui qui la demandait) était sous la protection de Zeus ou d'Athéna - Xénia (autre nom d'Athéna) à Athènes. Lorsqu'il se présentait devant une maison, la piété voulait qu'on partageât avec lui le repas en famille et qu'on l'hébergeât le premier jour. Lorsqu'il repartait, on lui offrait de menus cadeaux.

On trouve exprimé l'idéal du devoir d'hospitalité dans l'histoire de Philémon et Baucis d'Ovide. Dans ce passage des *Métamorphoses,* Zeus et son fils Hermès se déguisent en mendiants afin d'éprouver la piété des mortels. Hélas ! toutes les portes se ferment devant eux lorsqu'ils mendient leur pain. Il n'est que ce couple de vieillards bien pauvres pour les accueillir avec générosité. Afin de punir les hommes de leur égoïsme et de leur absence de piété, Zeus provoquera un déluge. Seuls Philémon et Baucis seront épargnés et verront exaucer leur vœu : à la fin d'une vieillesse heureuse, ils mourront ensemble, au même instant.

L'épisode de Nausicaa, dans l'*Odyssée,* réalise aussi l'idéal de l'hospitalité puisque Ulysse, avant même d'avoir décliné son identité, est traité avec tous les honneurs. Athènes était une ville particulièrement ouverte aux étrangers depuis le jour où Thésée avait lancé cet appel : « Venez tous ici, peuples de partout ! Vous y bénéficierez de nos droits avec la même égalité. »

X

La colère d'Œdipe

Œdipe compris que Thésée arrivait grâce au cliquetis d'armes qu'il entendit.

— Tu es donc Œdipe. Ne sois pas étonné si je connais ton nom avant même de te l'avoir demandé. J'ai su aussitôt qu'il s'agissait de toi lorsqu'on m'a parlé de tes yeux saccagés. Oui, Œdipe, fils de Laïos, ton histoire a franchi la mer et nous est parvenue jusqu'en Attique.

— Ô Thésée, tu es aujourd'hui mon seul recours. Ne repousse pas le suppliant que je suis !

— N'aie crainte, je n'oublie pas que j'ai connu l'exil, comme toi, et que j'ai risqué ma vie en maints combats sur une terre étrangère. Qu'attends-tu de moi ?

— Ma requête tient en peu de mots : je te demande simplement le droit de mourir ici, à Colone.

— C'est là demander une faveur bien mince ! s'étonna Thésée. Sache, malheureux Œdipe, que tu viens de trouver en ce lieu un nouveau foyer et que tu es, désormais, sous la protection de Thésée.

— Que Zeus te bénisse pour de telles paroles ! En retour, et pour ta générosité, apprends que ton pays sera béni des dieux.

Les notables de Colone venaient d'arriver sur les lieux. Thésée leur donna ses instructions.

— Œdipe étant l'hôte d'Athènes, qu'on le lave, lui et ses filles, qu'on leur fasse don de nouveaux vêtements, qu'on leur donne un abri et de quoi se restaurer !

Comme il était bon de dormir sous un toit, dans un lit ! De se réchauffer, le soir, auprès d'un feu chaleureux, sans craindre que la pluie ne vînt à l'éteindre. Ismène faisait la cuisine, Antigone puisait l'eau et, chaque jour, se promenait longuement dans cette campagne inconnue, parfois seule, parfois accompagnée de son père et d'Ismène. Les jours s'écoulaient, paisibles. Mais cette paix fut de courte durée.

Un jour que le soleil approchait du zénith, Antigone entendit des chevaux hennir et s'arrêter près de leur enclos. Un obscur pressentiment étreignit sa poitrine et ce fut le cœur battant qu'elle sortit de la petite maison qui leur servait d'asile. Son intuition ne l'avait pas trompée : Créon se tenait devant elle, plusieurs hommes en armes derrière lui. Négligeant sa présence, il pénétra à l'intérieur. Œdipe allait demander à Antigone qui se présentait à leur porte, quand il reconnut la voix de Créon :

— Œdipe, je devine ta surprise à me savoir ici. Je ne viens pas en mon nom : c'est le pays tout entier qui m'a donné cet ordre.

Créon se tut, espérant qu'Œdipe lui répondît. Mais le vieillard qu'il avait devant lui gardait le silence, obstinément. Mal à l'aise, Créon reprit :

— Je serais le plus insensible des hommes si je ne te disais pas que ton malheur me touche. J'imagine combien ta vie d'exilé a dû être misérable…

Œdipe ne répondait toujours pas. En tâtonnant, il arracha une branche d'un fagot et se mit à la tailler avec le couteau qu'il portait à sa ceinture. Créon, habitué maintenant à la pénombre, regardait autour de lui : quelques pots, des écuelles en poterie grossière, trois paillasses à même le sol… Créon médita un instant : ainsi, le destin pouvait hisser un homme au faîte du pouvoir et le faire choir l'instant d'après… Il observa Antigone occupée à ranimer le feu. Il reprit :

— Toi que j'ai connu roi, je souffre de te voir n'être plus qu'un étranger partout où tu vas, un perpétuel vagabond, un mendiant n'ayant d'autre soutien que ta fille. La malheureuse enfant! Toujours à se faire du souci pour toi, mendiant ton pain alors qu'elle est en âge maintenant de se marier! Tu sais que mon fils l'aime? Vas-tu lui imposer encore longtemps cette vie misérable alors qu'il peut en être autrement? Ismène te l'a dit, sans doute : tout cela peut changer si tu consens à revenir dans ta ville, dans la maison de tes ancêtres. Je vois qu'en ce pays, on prend soin de ta personne, mais ton propre pays a plus de droits sur toi, et tu l'outrages en restant ici alors qu'il a besoin de toi. Je t'en conjure, quitte-le et suis-moi.

À cet ordre, Œdipe bondit.

— Scélérat! Tes paroles me font miroiter un bonheur illusoire! N'est-ce pas toi qui m'as banni au moment où j'aspirais à mourir sur la terre de mes pères? Et maintenant tu me demandes de te suivre quand, enfin, un pays, tout un peuple, m'accueille avec bonté, après tant d'années de souffrance! Tu me plains, mais je suis bien ici. Toi, que me proposes-tu? Des bienfaits en paroles, mais des souffrances en fait! Car tu mens : tu n'es pas venu pour m'installer chez moi. Tu veux m'établir à proximité de Thèbes pour t'assurer la bienveillance des dieux et, du même coup, assurer ta gloire. Mais ce n'est pas là ce qu'a décidé le destin, puisque je resterai à jamais dans ce coin du monde. Et mes enfants? me diras-tu. Leur destin, c'est de n'obtenir de ma terre natale qu'une tombe. Tout ce que je viens de te dire, je le sais par le dieu de Delphes. Maintenant, pars et laisse-moi vivre en paix.

— Parvenir à ton âge et demeurer aussi peu raisonnable ! Mais il me reste d'autres moyens que la persuasion…

Créon, en disant ses mots, s'approcha de la porte et fit signe à ses hommes d'entrer. Le bruit de leurs pas alerta Œdipe.

— Antigone ? Tu es là, Antigone ?

— Plus pour très longtemps, murmura Créon, faisant signe à son escorte de se saisir de la jeune fille.

Antigone voulut crier, mais une main puissante se plaqua sur sa bouche tandis qu'un garde lui maintenait solidement les bras par derrière. Œdipe, sentant obscurément qu'un danger les menaçait, lui et ses filles, chercha à se saisir de son bâton, mais on le lui arracha violemment des mains. D'une voix pleine d'angoisse, Œdipe cria :

— Ismène, où es-tu ?

— Sous bonne garde, répondit Créon, et déjà en route pour Thèbes. Quant à Antigone, je l'emmènerai de force si elle ne veut pas marcher de son plein gré. Œdipe, que vas-tu faire maintenant que je t'ai enlevé tes deux bâtons ?

— Sois maudit et que le dieu du Soleil te fasse vivre, à toi et à ta race, une existence semblable à celle de ma vieillesse !

Soudain, la porte s'ouvrit, laissant le passage à un groupe de vieillards.

— Œdipe, nous avons vu ta fille, Ismène, qui se débattait, emmenée par des étrangers. Nous n'avons rien pu faire, mais nous venons te demander si tu as besoin d'aide.

— Cet homme veut me prendre de force ! s'écria Œdipe, leur désignant Créon.

— Pars d'ici, étranger et vite ! Œdipe est un suppliant que

nous avons accueilli. Tu n'as pas le droit d'agir ainsi. Lâche cette fille, sinon…

Et le vieillard menaça Créon de son bâton.

— Ne me donne pas d'ordre, tu n'es pas mon maître. Et sache que c'est contre mon pays qu'il faudra te battre si tu oses me frapper! menaça Créon. Quant à Œdipe, je l'emmènerai, à moins que le roi de ce pays ne vienne s'y opposer en personne.

Pendant ce temps, les gardes de Créon s'étaient subrepticement approchés de la porte. Arrivés là, il leur fut aisé de bousculer les quelques vieillards qui s'opposèrent à eux lorsqu'ils voulurent la franchir. Malgré leurs appels à l'aide, les hommes de Créon, avec leur prisonnière, bondirent en selle et s'enfuirent au galop.

— À l'aide, à l'aide! On outrage les lois de notre pays! Venez tous! crièrent les vieillards, éperdus.

Ces cris répétés attirèrent bientôt les gens de Colone, occupés à rendre un sacrifice en l'honneur de Poséidon, protecteur de la ville. Les nouveaux venus s'enquéraient des raisons de ce tumulte et se disputaient la parole quand, tout à coup, Thésée, qui participait à la cérémonie, apparut. Lorsqu'Œdipe l'eut informé du rapt de ses deux filles, le roi d'Athènes ne perdit pas un instant. Sans même s'adresser à Créon, il donna l'ordre à son escorte d'ameuter le peuple entier afin que, soit à cheval, soit à pied, il se lance à la poursuite des ravisseurs. Puis, se tournant vers Créon, la voix emplie d'une colère contenue :

— Tu ne sortiras pas de ce pays avant que nous ne les ayons retrouvées. Tu as agi d'une manière indigne, indigne de moi, de ceux de ta lignée, de ton propre pays. Quoi? Tu entres dans un état qui a des lois, qui pratique la justice et toi, tu te précipites pour emmener ce qui te plaît et te l'approprier par la force ! Croyais-tu donc que ma ville était vide d'hommes, ou peuplée d'esclaves, et que je ne comptais pour rien ? Il me semble que Thèbes ne t'adresserait pas ses compliments si elle apprenait que tu pilles à la fois mon bien et celui des dieux en voulant emmener de force des suppliants. M'imagines-tu agir de même dans ton pays ? Je te le répète donc : tu resteras malgré toi dans ce pays jusqu'au retour d'Antigone et d'Ismène !

— Fils d'Égée, loin de moi la pensée de t'offenser ! Je pensais que, jamais, ni Athènes, ni son Conseil de l'Aréopage n'admettrait un parricide, une souillure et un homme ayant, de surcroît, engendré des enfants de sa propre mère ! T'a-t-il dit qu'il m'avait maudit, moi et toute ma race ? Ainsi traité, je me suis cru autorisé à agir de même envers lui. Maintenant, fais de moi ce que tu veux, puisque je suis le plus faible, étant seul et vous si nombreux.

— Créature infâme ! Ces fautes que tu te plais à rappeler ne sont pas le fait de ma volonté ! s'exclama alors Œdipe. Tel était le bon plaisir des dieux qui se sont acharnés sur moi. Et lorsque j'ai tué Laïos, savais-je alors qu'il était mon père ? Maintenant, réponds à cette question. Supposons qu'un homme te menace de mort, sans que tu eusses rien à te reprocher ; irais-tu t'informer si ton assassin est ton père, ou bien défendrais-tu chèrement ta vie ? Je te le demande, suis-je responsable ?

— Assez parlé Œdipe ! Il est temps d'agir, coupa Thésée. Créon, conduis-moi à l'endroit où se trouvent les filles d'Œdipe. Allons, en route !

— Je t'obéirai tant que je suis ici, mais une fois chez moi, je saurai ce que j'ai à faire.

— Dépêchons, Créon. Menace tant que tu veux, mais

marche ! Toi, Œdipe, demeure ici en paix. Sois sûr que tant que je serai en vie, je n'aurai de cesse de te ramener tes filles.

Et, poussant Créon rudement, Thésée quitta l'assemblée sous les bénédictions d'Œdipe.

« Comment pourrais-je manger, boire ou trouver le repos tant que mes filles ne seront pas de retour ? » pensait Œdipe tandis qu'une vieille femme du voisinage grommelait parce qu'elle retrouvait chaque jour la nourriture de la veille, intacte, et le feu éteint. Voilà trois jours que Thésée était parti, et aucune nouvelle de l'expédition ne leur était parvenue ! Soudain, des voix familières, des hennissements de chevaux, la porte qui s'ouvrait. Œdipe se leva vivement et deux corps s'abattirent contre sa poitrine.

— Père !

— Ô mes filles, enfin !

Toutes deux lui racontèrent alors les mors étincelants, le fracas du bronze, la mêlée décisive et Thésée, leur sauveur, auquel elles devaient d'être là. Sur ces derniers mots, elles le guidèrent vers le roi d'Athènes, resté en retrait avec son escorte. Le visage empreint de joie, Œdipe remercia chaleureusement Thésée. Il voulut lui prendre la main et le baiser au front, mais se souvint.

— La joie m'égare. Un criminel tel que moi n'a pas le droit de toucher un homme tel que toi, ni ne peut être touché par lui. Je ne te récompenserai donc que par des mots sincères et simples.

— J'ai simplement respecté la promesse que je t'avais faite en partant : te ramener tes filles vivantes et indemnes. J'ai même fait plus. Il y a là, derrière la porte, un homme qui se dit être ton parent et qui te supplie de le recevoir. Il arrive d'Argos.

— Non ! s'écria Œdipe. N'en dis pas plus. Je ne lui parlerai pas. C'est mon fils !

Thésée, surpris, insista, lui fit valoir qu'il s'était présenté comme un suppliant devant l'autel de Poséidon, mais le vieillard ne voulut rien entendre.

— Père, dit alors Antigone, je suis bien jeune, mais laisse-moi te parler. Accepte de recevoir notre frère, pour Ismène et pour moi. Que risques-tu à l'entendre parler ? Il ne va pas, sois tranquille, te faire changer d'avis de force. C'est toi qui lui as donné la vie : même s'il t'a fait souffrir, tu n'es pas en droit de lui rendre, toi son père, le mal pour le mal. Fâcheuse colère ne peut trouver que fâcheux dénouement. Songe à ton père, à tes yeux sans regard… Je t'en prie, père !

Une rude bataille se livrait en Œdipe. Ismène le regardait et ses yeux s'emplirent de larmes. Son père, elle le voyait comme un cap tourné au nord, de tous côtés battu par les flots. Des malheurs effroyables, comme des vagues sur les brisants, l'assaillaient sans répit pour le détruire. Enfin, Œdipe hocha la tête, consentant à la requête de sa fille. Thésée et son escorte se retirèrent pour laisser place à Polynice. Ce dernier resta interdit en voyant le tableau qui s'offrait à ses yeux : ses sœurs vêtues de hardes, son père la tête blanchie, le visage émacié et ses yeux sans regard…

— Père, en te voyant, j'apprends trop tard la vie misérable que tu as vécue, et j'ai honte de ne pas t'avoir rendu à temps les honneurs qui t'étaient dus… Je me suis montré le pire des criminels… Père…

Œdipe, figé dans son silence, ne lui répondit pas.

— Père, aux côtés de Zeus se tient la Pitié. Père ! Les fautes passées, on peut y remédier… Tu te tais, pourquoi ? Dis quelque chose, père ! Tu ne veux pas me répondre… Tu veux me renvoyer sans un mot, sans m'avoir dit pourquoi tu m'en voulais ? Antigone, Ismène !

— Dis-lui ce qui t'a conduit ici. Ton histoire lui rendra peut-être la parole.

Alors Polynice raconta. Étéocle, pourtant son cadet, le bannissant de sa patrie parce qu'il avait su séduire le peuple ; sa fuite à Argos et son alliance avec sept familles prêtes à attaquer Thèbes, sa détermination à gagner ou à périr ; enfin, l'oracle qui annonçait la victoire à celui qui aurait Œdipe à ses côtés.

— Père, nous voici, toi et moi, mendiants sur une terre étrangère. Et pendant ce temps, Étéocle, lui, roi dans notre palais, se pavane et se moque, sois en sûr, de toi comme de moi ! Aide-moi, père et je te promets qu'en un instant, je disperserai ses cendres au vent ! Et alors, je te conduirai, je t'installerai dans ta demeure, et je m'y installerai avec toi, sitôt que je l'aurai, lui, jeté dehors ! Mais si tu refuses de te ranger à mes côtés...

— Si Thésée ne m'y avait contraint, tu n'aurais même pas entendu le son de ma voix. Misérable ! Tu te lamentes sur mon sort, alors que tu es toi-même mon assassin ! N'est-ce pas toi qui m'as laissé être chassé ? Qui as accepté que je vive en errant, en mendiant aux autres mon pain de chaque jour ? Si je suis encore en vie, je le dois à tes sœurs. Ce sont elles qui me nourrissent, elles dont le courage s'apparente plus à celui des hommes qu'à celui des femmes. Étéocle et toi, vous n'êtes pas nés de moi. Voilà maintenant comment je te maudis : jamais ta lance ne triomphera du pays qui t'a fait naître, fussiez-vous sept contre Thèbes ! C'est toi, le premier, qui tueras ton frère, mais tu succomberas en même temps sous le fer de celui qui t'a banni. Voilà ce qu'il vous en coûtera, vous qui n'avez pas honoré les auteurs de vos jours, vous qui avez méprisé un père aveugle, à la différence de vos sœurs ! Tu n'as plus de père, désormais. Va-t'en donc à ta perte et annonce à tous, aux Thébains et à tes loyaux alliés, quels sont les dons qu'Œdipe offre à ses fils !

Épouvanté par les paroles de son père, Polynice resta sans voix. Le visage blême, il regagna le seuil et sortit, suivi par Antigone, toute blanche elle aussi. Retenant Polynice, elle l'embrassa. Que faire d'autre ? Polynice la repoussa tendrement.

— Antigone, je vais te demander de me faire une promesse. Je ne peux faire marche arrière, même après les malédictions de notre père. Je les garderai pour moi seul, sans en avertir les malheureux qui ont pris mon parti. Quand je serai mort, Antigone, et si vous êtes de retour, promets-moi d'accorder à mon corps une sépulture et d'effectuer les rites funéraires ainsi que le veut la tradition. Ne laisse pas mon âme errer, ni mon cadavre être la proie des oiseaux et des chiens errants.

— Polynice, je t'en supplie, renonce à cette guerre ! Fais faire demi-tour à ton armée !

— Antigone, comprends-moi. C'est impossible. Vais-je ramener mon armée intacte parce que j'ai brusquement pris peur ? Fuir est toujours honteux, et surtout quand on est l'aîné ! Me laisser moquer par un frère plus jeune que moi !

— Mais n'as-tu pas entendu ? Vous allez mourir tous deux !

— C'est ce que notre père désire, mais je ne céderai pas. Et si je meurs, c'est que tel était mon destin.

— J'ai mal, Polynice. Tu es mon frère, je t'aime.

— Promets-moi de faire ce que je t'ai demandé… Le reste dépend des dieux.

Ce furent les derniers mots de Polynice. Antigone, sans lui répondre, se serra contre lui. Elle voulut le retenir quand il se dégagea, mais Polynice s'éloignait sans lui jeter un regard.

«Va-t-en donc à ta perte et annonce à tous, aux Thébains
et à tes loyaux alliés, quels sont les dons qu'Œdipe offre à ses fils!»

Documentation

X

Les funérailles

Polynice qui a trahi son pays puisqu'il attaque sa propre ville natale, craint, s'il ne meurt sur le champ de bataille, que les rites funéraires le concernant ne soient pas observés.

Lorsqu'une personne mourait, on lavait son corps avec des essences, on lui fermait les yeux et on le parait de bijoux. On n'omettait pas de placer une obole dans sa bouche pour payer Charon, le passeur des Enfers. Enveloppé d'un linceul, le corps était gardé une journée à l'intérieur afin que la famille, les parents et les amis puissent adresser un dernier adieu au défunt. Puis avant le lever du jour, car il ne fallait pas que le soleil fût souillé par ce spectacle, on conduisait le corps jusqu'au lieu d'inhumation ou d'incinération.

Si on enterrait le mort, on plaçait le corps dans un cercueil en bois ou en terre cuite, que l'on transportait dans un char. Le cortège qui suivait était majoritairement composé d'hommes car seules les femmes de la famille étaient autorisées à le suivre. La coutume voulait qu'elles se griffent le visage et se frappent la poitrine. Tous portaient des vêtements de deuil noirs ou gris, mais également blancs, verts ou violets.

En ce qui concerne l'incinération, qui était la pratique la plus onéreuse, le corps était placé sur un bûcher qu'enflammaient les parents proches. On jetait dans les flammes des cheveux du mort et des objets auxquels il était attaché. La cérémonie terminée, on recueillait les cendres que l'on plaçait dans une urne déposée dans un monument familial.

XI

La mort d'Œdipe

COMBIEN DE TEMPS APRÈS LE DÉPART DE SON FRÈRE, la jeune Antigone resta-t-elle là, immobile ? Perdue dans son chagrin, elle ne sentit pas la pluie se mettre à tomber, les gouttes s'écraser de plus en plus fort. Soudain, un éclair enflamma le ciel, suivi bientôt par un violent coup de tonnerre. Œdipe sortit et appela Thésée. Il fallait qu'il lui parle, maintenant, tout de suite ! Tandis qu'Ismène partait à la recherche du roi d'Athènes, luttant contre la pluie et le vent, Antigone persuada son père de se mettre à l'abri, car l'orage se faisait plus violent.

— Ma fille, dit-il en s'appuyant sur elle, ce fracas, ces éclairs annoncent la fin que les dieux m'ont prédite. Il faut que Thésée arrive sans tarder car je dois lui donner ce que je lui ai promis.

— Je suis là, Œdipe. Ismène m'a pressé de venir. Que veux-tu de moi, quand le temps est si peu propice aux rencontres ? dit Thésée, ruisselant de pluie.

Œdipe alors lui confia qu'il devait être le seul témoin de sa mort. Il allait donc le mener à l'endroit où il devait mourir, sans qu'aucun guide ne le tînt par la main. Mais ce lieu, il fallait que Thésée le garde secret et ne le révèle qu'à son successeur. Ce ne serait qu'à ce prix qu'un jour son tombeau, béni des dieux, vaudrait à Athènes une aide égale à mille boucliers, voire à une armée tout entière.

— Mais l'appel du dieu me presse, partons au plus vite ! Quant à vous, mes filles, suivez-nous à distance. Pour cette fois, je serai votre guide. Guide étrange, sans doute, mais semblable à celui que vous étiez pour moi. Hermès me conduira cacher ce dernier jour de vie dans les Enfers.

Sur ces mots, Œdipe prit son bâton pour une ultime marche. Antigone, Ismène et Thésée, accompagnés d'un seul garde, le suivirent.

Œdipe marcha un long moment, indifférent aux éclairs qui zébraient le ciel, sourd aux grondements de la voix de Zeus. Terrifiées par l'orage, Ismène et Antigone le suivaient, transies par la pluie glacée qui noyait la terre. Parvenu au bord d'un creux qui formait une sorte de cratère, Œdipe s'arrêta. Il dépouilla là ses hardes sordides, puis demanda à ses filles de lui apporter l'eau nécessaire à ses ablutions et à ses libations. Dociles, les deux jeunes filles gagnèrent une colline proche, consacrée à Déméter, déesse du blé tendre. Elles emplirent d'eau de source le vase qu'elles avaient eu soin d'emporter avec elles, et revinrent promptement auprès de leur père. Ainsi que l'exigent les rites, elles le lavèrent et lui firent endosser un vêtement immaculé. Un fracas terrifiant se fit alors entendre, qui jeta aux pieds d'Œdipe ses filles en larmes. L'aveugle les releva et les serra avec passion contre lui.

— Zeus est impatient, leur dit Œdipe. À partir d'aujourd'hui, vous n'avez plus de père. Je sais combien cela a été dur pour vous de mendier mon pain. Je ne peux vous payer de retour qu'en vous disant ceci : personne ne vous a plus aimées que moi.

Et tous trois, se tenant enlacés, laissaient libre cours à leur chagrin. Puis, peu à peu, le silence se fit. Plus de cris, plus de larmes. Alors, doucement, Œdipe s'écarta et appela Thésée qui s'était

« L'aveugle les releva
et les serra avec passion contre lui. »

tenu à l'écart tout ce temps. Prenant la main du roi, il la posa, en signe d'alliance, sur celles de ses filles. Antigone et Ismène comprirent par ce geste que, jamais, Thésée ne les abandonnerait. Mais l'heure était venue de laisser Œdipe seul avec lui. Accompagnées du garde, les deux jeunes filles durent s'éloigner et, lorsqu'un peu plus tard, elles se retournèrent pour voir leur père une dernière fois, il avait disparu. Seul Thésée était là, se protégeant les yeux, comme s'il avait été témoin d'un spectacle effrayant. Il sembla à Antigone qu'une nuit de mort tombait sur ses yeux et que son chagrin remplirait désormais sa vie.

Le temps avait passé. La douleur du deuil n'avait pas disparu dans le cœur des deux sœurs, mais elles lui avaient fait une place, tout comme au repos ou aux tâches quotidiennes. Un soir qu'elles se tenaient auprès du feu, Antigone rompit le silence qui régnait dans la petite pièce :

— Ismène, retournons là-bas !

— À Thèbes ? Mais qu'y ferons-nous ?

— Non, pas à Thèbes. Là où notre père est mort.

— Tu es folle, Antigone ! Il nous l'a interdit. L'as-tu oublié ? Et où irais-tu ? Sur quel tombeau ? Il est mort, mais il n'a pas été enterré.

— Alors, rentrons chez nous.

— Comment ferions-nous ?

— Demandons à Thésée.

Ismène connaissait la volonté inflexible de sa sœur et savait que rien, aucun argument ne la ferait renoncer. N'avait-elle pas convaincu Œdipe de le suivre dans son exil alors qu'elle n'était qu'une jeune fille ? N'avait-elle pas enduré les pires maux pour subvenir à ses besoins ? Où la mènerait cette volonté qu'aucun obstacle n'ébranlait jamais ?

— Nous irons voir Thésée puisque tu le veux, répondit-elle d'une voix résignée.

Alors qu'elles s'apprêtaient, le lendemain, à se mettre en route, elles eurent la surprise de voir Thésée sur le seuil.

— Je voulais m'assurer que mes chères protégées ne manquaient de rien, leur dit le fils d'Égée.

Avant qu'Ismène ait eu le temps de saluer le roi d'Athènes, Antigone se dressait devant lui.

— Ô noble prince, nous voudrions nous recueillir à l'endroit où tu vis notre père mourir.

— Il me l'a interdit. Ni toi, ni aucun mortel ne peut approcher de ce lieu. J'ai juré, Antigone. Et si je respecte mon serment, Œdipe m'a assuré que mon pays serait à l'abri du malheur.

— Si tel est le désir de mon père, qu'il en soit ainsi. Alors, puis-je t'adresser une autre prière ?

— Parle. Je ferai tout ce qui est en mon pouvoir pour te satisfaire.

— Permets-nous de retourner à Thèbes car je veux empêcher que mes frères se battent l'un contre l'autre et s'entre-tuent.

— Je ne peux vous retenir, si tel est votre destin. Puis-je, moi aussi, t'adresser une prière ?

Antigone hocha la tête en signe d'assentiment.

— Prends soin de toi, Antigone. Créon est un homme qui ne pliera pas devant ta volonté si tu contestes son autorité. Je reconnais en toi le caractère de ton père, et je crains que l'antique malédiction ne te frappe à ton tour.

Le lendemain même, rassemblant leurs misérables hardes, Ismène et Antigone se mettaient en route, sous bonne escorte, pour rejoindre la Béotie et leur tragique destin.

Documentation

XI

Le destin des enfants d'Œdipe

Antigone, donc, revient à Thèbes avec Ismène. Mais l'armée de Polynice, composée de sept chefs, est aux portes de la ville. Lorsque Étéocle apprend que son frère s'est posté à la septième porte et réclame justice, il décide de l'affronter seul, au corps à corps, bien qu'il ait le pressentiment qu'il va mourir après la malédiction proférée par son père. Il offre sa mort aux dieux afin de sauver son pays. En effet, il sait qu'après sa disparition et celle de Polynice, la terrible malédiction qui frappait leur race s'éteindra avec eux. Ainsi que l'avait prédit Œdipe, les deux frères s'entretuent.

Créon offre à Étéocle, resté fidèle à Thèbes, de grandioses et solennelles funérailles mais interdit à quiconque, sous peine de mort, d'ensevelir le corps de Polynice, traître à sa patrie. Antigone n'accepte pas de se soumettre à cet ordre parce que les dieux exigent qu'un mort soit enterré. Sa sœur, Ismène, plus craintive, essaye de l'en dissuader, mais Antigone ne craint pas la mort car, dit-elle, elle n'a connu jusqu'à ce jour que souffrance et malheur. Elle va donc déposer sur le cadavre de Polynice une simple poignée de poussière. Par ce geste unique, elle accomplit l'obligation religieuse de l'ensevelissement.

Aussitôt Créon la condamne : elle sera enterrée vivante dans le tombeau des Labdacides. Ismène, désespérée, lui offre de partager son sort mais Antigone la repousse. Pourtant, juste avant de pénétrer dans le tombeau, elle regarde la lumière du jour et pleure : jamais elle ne connaîtra l'amour d'un homme.

Jeux

Jeux

I

Une naissance maudite

1 Devinettes

As-tu été attentif lors de ta lecture ? Si oui, tu parviendras sans difficulté à répondre à ces devinettes.

1 - Moi, le dieu Apollon, je l'ai choisie entre toutes pour y rendre mes oracles.

Réponse : c'est ....

2 - C'est sur mon sommet qu'on y déposa ce malheureux enfant exposé.

Réponse : je suis ....

3 - On me l'a enlevé alors que ses yeux venaient à peine de voir le jour. Moi dont il aurait dû être le roi, une fois devenu grand.

Réponse : je suis ....

2 Culture générale

Œdipe était voué à la mort, mais le destin en a décidé autrement. D'autres personnages ont connu ce sort. Retrouve leur nom grâce aux indices suivants :

a Égypte + corbeille = ...

b Tibre + corbeille = ...

c Danaé + Méduse = ...

d Rhéa + Chronos = ...

Jeux

II

Un don du ciel

1 Vocabulaire

Étymologie Dans le texte et dans la documentation, on te parle du «gynécée» et de l'«andron». La racine grecque *gyne* signifie «femme» et la racine *andro* signifie «mâle humain».

Complète les définitions suivantes avec les mots de la liste :

androgyne - misogyne - androïde - gynécologie - polyandrie.

1 - La .... est la discipline médicale qui a pour objet l'appareil génital de la femme.

2 - Une femme qui a plusieurs maris simultanément pratique la ....

3 - Un .... ressemble à l'homme.

4 - Un individu qui présente certains caractères du sexe opposé est ....

5 - Un .... déteste les femmes.

Synonyme Le mot «androgyne» a un synonyme qui est aussi le nom du fils d'Hermès et d'Aphrodite.

6 - Quel est-il ?

Réponse : ....

2 Culture générale

Dans ce chapitre, trois noms de dieux sont cités : Héra, Artémis et Apollon. Saurais-tu rendre à chacun son animal et son symbole ?

Héra •	• Corbeau
	• Quartier de lune
	• Paon
Artémis •	• Couronne de laurier
	• Biche
Apollon •	• Sceptre

3 Noms imbriqués

Les cases de la grille ci-dessous contiennent les syllabes de dix noms propres mentionnés dans ce chapitre. À toi de les reconstituer.

RIN	Ï	PE	MÉ	LA	PO	RA
LON	DI	CAS	TÉ	CO	A	AR
LY	OS	MIS	THÈ	RO	Œ	POL
THE	PE	BES	JO	TE	BE	HE

1 : .... 2 : .... 3 : ....

4 : .... 5 : .... 6 : ....

7 : .... 8 : .... 9 : ....

10 : ....

Jeux

III

Une prophétie tragique

1 Mots croisés

Tu retrouveras dans cette grille des mots qui renvoient à l'éducation d'un prince.

HORIZONTALEMENT

1 - Discipline sportive visant à assouplir et à fortifier les muscles. Œdipe la pratiquera dès l'âge de sept ans.

2 - Auteur de l'*Iliade* et de l'*Odyssée*.

3 - Instrument de musique à cordes inventé par Hermès. Il en fit présent à Apollon.

4 - Mère adoptive d'Œdipe.

5 - Apollon parle par sa bouche.

VERTICALEMENT

A - Œdipe le quitte pour devenir un homme.

B - Salle où l'on reçoit. Œdipe y est convoqué par son père pour parler de son avenir.

C - Lieu public où l'on s'entraînait à la lutte dans la Grèce antique.

D - Instrument de musique à cordes qui était enseigné aux enfants.

E - Sport de combat qu'Œdipe, enfant, rêvait de pratiquer.

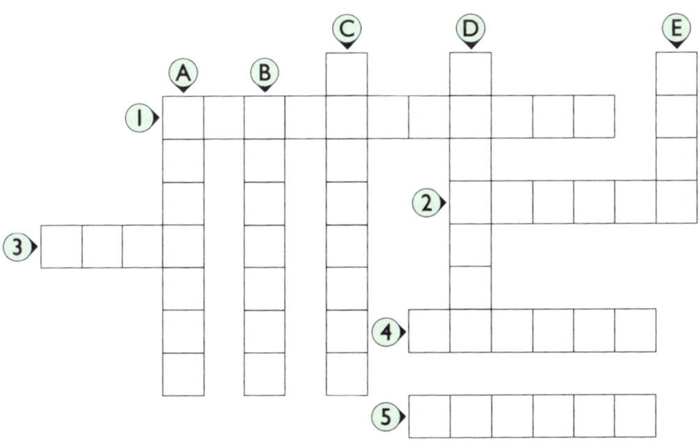

Jeux

IV

L'énigme de la Sphinx

1 Test de lecture

1 - D'où vient Œdipe lorsqu'il arrive à Thèbes ?

- a du sanctuaire de Délos
- b du sanctuaire d'Olympie
- c du sanctuaire de Delphes

2 - Reconstitue l'aspect physique de la Sphinx. Elle a :

- a le corps d'une femme
- b le corps d'une lionne
- c le visage d'une femme
- d la queue d'un tigre
- e des cornes sur la tête
- f des ailes immenses

3 - À quel type de combat contre la Sphinx Œdipe s'attend-il ?

- a à un combat à mains nues
- b à une joute oratoire
- c à une lutte armée

4 - Comment Créon et la ville de Thèbes savent-ils que le roi Laïos a été assassiné ?

- a parce qu'ils ont interrogé le devin Tirésias
- b parce qu'il y a un témoin du meurtre
- c parce que la Sphinx est apparue trois semaines après sa mort

2 Vocabulaire

Connais-tu les trois autres significations du mot « sphinx » ? Tu peux t'aider des dictionnaires ou de l'Internet pour trouver les réponses.

1 - ....

2 - ....

3 - ....

3 Culture générale

Les monstres sont très fréquents dans la mythologie. Retrouves-en quelques-uns grâce à ces devinettes.

1 - Ses trois têtes lui sont bien utiles pour garder le domaine de son maître Hadès.
Qui est-ce ? ....

2 - Qu'on lui en coupe une, il en renaît autant qu'il en reste. Seul Hercule réussit à les lui trancher toutes.
Qui est-ce ? ....

3 - Le roi Minos cacha ce monstre à corps d'homme et à tête de taureau dans le labyrinthe construit par Dédale.
Qui est-ce ? ....

4 - C'est Athéna qui changea ses beaux cheveux en affreux serpents et qui donna à ses yeux le pouvoir de changer en pierre tous ceux qui osaient la regarder.
Qui est-ce ? ....

5 - Fils de Poséidon, Ulysse creva son œil unique.
Qui est-ce ? ....

6 - Elles étaient au nombre de trois et causaient la famine partout où elles passaient. Visage de vieille femme, corps de vautour, bec et ongles crochus, mamelles pendantes… Mégère est la plus connue des trois.
Qui sont-elles ? ....

Jeux

V

La peste

1 Portraits chinois

De nombreux dieux sont cités dans ce chapitre. Essaie de retrouver leur nom à partir de ces portraits chinois qui renvoient à leur vie, à leurs aventures ou à leurs attributs.

1 - Si j'étais un oiseau, je serais un aigle.
Si j'étais un défaut, je serais l'infidélité.
Si j'étais un élément naturel, je serais la foudre.
Si j'étais une profession, je serais roi.

Je suis : ....

2 - Si j'étais une maison, je serais le sous-sol.
Si j'étais une couleur, je serais le noir.
Si j'étais un objet magique, je serais un casque rendant invisible.
Si j'étais un fleuve, je serais le Styx.

Je suis : ....

3 - Si j'étais un lieu, je serais un bois.
Si j'étais un astre, je serais la lune.
Si j'étais une arme, je serais un arc.
Si j'étais un animal, je serais une biche.

Je suis : ....

Jeux
VI
Un assassin à Thèbes

1 Dieux mêlés

Retrouve les neuf noms propres cités dans ce chapitre. Attention ! dans cette grille, ils peuvent être écrits à l'endroit, à l'envers, horizontalement, verticalement ou en diagonale.

O	E	X	Z	J	O	D	C	A	T	L
A	T	N	H	B	E	N	S	J	I	O
F	S	I	R	E	D	O	O	L	R	S
H	A	H	P	L	I	E	I	W	E	V
S	C	P	T	A	P	R	L	B	S	U
A	O	S	L	I	E	C	E	H	I	R
I	J	T	M	E	B	H	H	O	A	E
V	R	E	N	X	T	E	S	S	S	L
U	Z	I	L	N	O	L	L	O	P	A

2 Devinette

Hommes et femmes n'ont plus de secret pour moi
Mais j'ai payé cher ce savoir.
Héra fut avec moi très dure
Mais Zeus m'accorda de prédire le futur.

Je suis : ....

3 Étymologie

La racine latine « cide » signifie « tuer ». Relie chaque mot à sa définition. Attention ! il y a un intrus.

a - Génocide
b - Fratricide
c - Régicide
d - Homicide
e - Parricide
f - Infanticide
g - Glucide
h - Suicide

1 - Assassinat d'un roi.
2 - Destruction méthodique d'un groupe humain.
3 - Meurtre.
4 - Action de se donner volontairement la mort.
5 - Meurtre d'une sœur ou d'un frère.
6 - Meurtrier de son père.
7 - Meurtre d'un nouveau-né.

4 Culture générale

1 - Quel héros mythologique descend aux Enfers afin de consulter Tirésias à propos de son voyage ?

Réponse : ....

2 - Quel est le nom du devin qui exprime la volonté des dieux quand les Grecs ne peuvent quitter le port d'Aulis pour attaquer Troie ?

Réponse : ....

3 - Qui est cette Troyenne qui avait le don de prédire l'avenir, mais qui, parce qu'elle avait refusé de s'unir à Apollon, fut condamnée à n'être jamais crue ?

Réponse : ....

Jeux

VII

L'enquête

1 Mots croisés

À toi de mener l'enquête avec ces mots croisés !

HORIZONTALEMENT

1 - Meurtre.

2 - Personne en présence de qui s'est accompli un fait.

3 - Personne qui n'a pas commis de crime.

4 - Motif d'un meurtre.

5 - La justice le châtie.

VERTICALEMENT

A - Personne qui est soupçonnée dans une enquête.

B - L'enquête est menée afin qu'elle éclate.

C - Litige soumis à une juridiction.

D - Signe qui permet d'avancer dans la quête de la vérité.

E - Questions posées à quelqu'un pour connaître la vérité dans une affaire juridique.

F - Règle établie pour tous.

G - Œdipe en mène une.

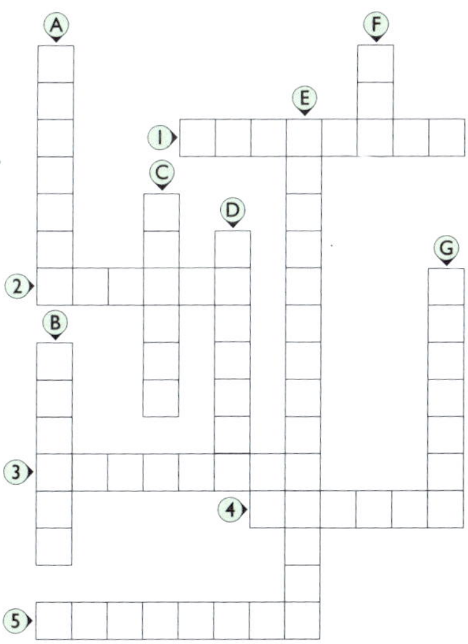

Jeux

VIII

La vérité

1 Test de lecture

1 - **Pendant qu'Œdipe lance ses gardes à la recherche du berger, Jocaste se rend dans le temple :**

a de la Pythie b d'Apollon c de Zeus

2 - **L'étranger annoncé à Jocaste vient de :**

a Delphes b Colone c Corinthe

3 - **Son message apportera au palais :**

a de la joie b de la tristesse c de la colère

4 - **Œdipe ne retournera pas à Corinthe avant :**

a d'être couronné
b que Mérope ne soit vieille
c que sa mère ne soit morte

5 - **Le pâtre révèle la vérité parce que :**

a il espère une récompense
b le secret le ronge
c sinon Œdipe le torturera

6 - **Voyant son épouse pendue, Œdipe :**

a la pleure pendant des heures
b se crève les yeux
c se suicide

7 - **Œdipe confie à Créon :**

a ses filles b ses enfants c ses fils

2 Mots croisés

Voyons si tu as bien lu. Tous les mots contenus dans ces mots croisés se rapportent à l'histoire d'Œdipe.

HORIZONTALEMENT

1 - Elle dit l'avenir, inspirée par un dieu.

2 - Elle se tua après qu'Œdipe eut répondu.

3 - Un complexe porte son nom.

4 - Mère d'Antigone.

5 - Ville natale d'Œdipe.

VERTICALEMENT

A - Dieu qui connaît l'avenir.

B - Ville où Œdipe a consulté l'oracle qui lui révéla son funeste destin.

C - Son fils le tua sans savoir qu'il était son père.

D - Nom de l'une des filles d'Œdipe.

E - Devin.

F - Œdipe y mourut.

G - Il régnait à Thèbes avant l'arrivée d'Œdipe.

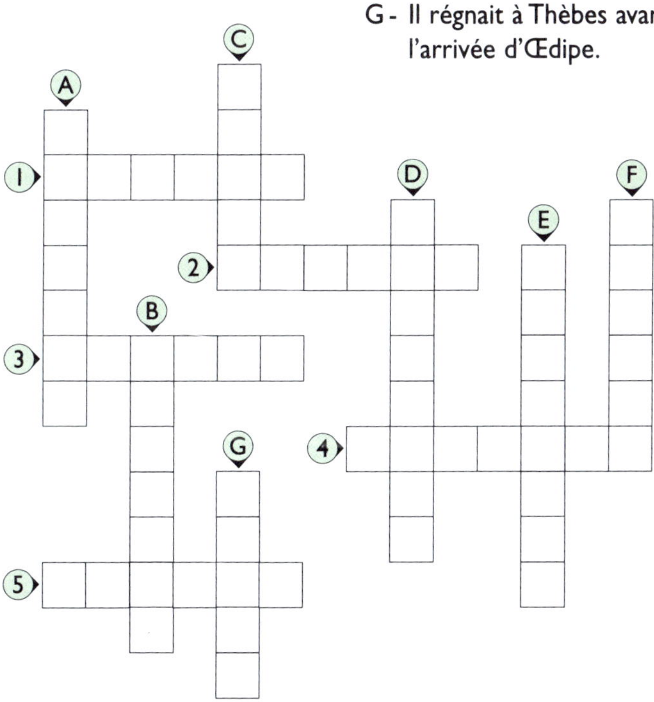

Jeux

IX

Œdipe mendiant

1 Vrai ou faux ?

	V	F
1 - Créon choisit comme châtiment de bannir Œdipe.	☐	☐
2 - Les affaires du royaume sont alors confiées à Étéocle et Polynice.	☐	☐
3 - Pour se venger de leur comportement irrespectueux, Œdipe condamne ses fils à tuer Créon.	☐	☐
4 - De ses deux filles, c'est Antigone qui suit et aide son père.	☐	☐
5 - Ils partent avec deux semaines de vivres.	☐	☐
6 - Après de très longues marches, Œdipe et sa fille arrivent à Euménides.	☐	☐
7 - Thésée, le roi d'Athènes, est le fils d'Égée.	☐	☐
8 - Étéocle et Polynice veulent tous deux se réconcilier avec leur père parce qu'un oracle a prédit que le lieu où Œdipe se trouvera, sera béni des dieux.	☐	☐
9 - Œdipe choisit le camp de son fils cadet.	☐	☐

2 Culture générale

Les fils d'Œdipe veulent tous deux le trône. Une lutte fratricide s'engage entre eux. Dans l'histoire de l'Antiquité, deux autres frères, dont l'un tua l'autre afin d'être le seul à régner sur la ville qu'ils venaient de fonder, restent célèbres.

Qui sont-ils ?

Réponse : ....

3 Charades

1 - Œdipe et Antigone, sans le savoir, s'arrêtent dans un bosquet consacré aux Euménides, qu'on appelait aussi les Érynies. La mission de ces divinités était de persécuter les grands criminels.

Grâce à cette charade, retrouve le nom d'un personnage qu'elles persécutèrent pour avoir tué sa mère.

Mon premier est un métal précieux inaltérable.
Mon second est le point cardinal où le soleil se lève.

Réponse : ....

2 - Thésée est célèbre pour l'un de ses exploits. Résous cette charade pour découvrir de quel exploit il s'agit.

De mon premier on extrait les richesses du sous-sol.
Mon second est un accessoire indispensable au Père Noël.
De mon troisième les femmes se parent.

Réponse : ....

Jeux

X

La colère d'Œdipe

1 Vocabulaire

Plusieurs mots de la mythologie sont passés dans le langage courant. Retrouve la signification des termes suivants.

a - Un phénix ● ● 1 - Gardien inflexible et peu aimable.

b - Une harpie ● ● 2 - Femme acariâtre, laide et méchante.

c - Une Antigone ● ● 3 - Excellent cavalier.

d - Une furie ● ● 4 - Oiseau rare.

e - Un cerbère ● ● 5 - Femme en proie à un accès de rage agressive

f - Un centaure ● ● 6 - Jeune fille intraitable et farouche qui exprime sa révolte contre tous les compromis.

2 Chasse l'intrus

Dans les deux ensembles ci-dessous, deux mots difficiles sont écrits en majuscules et entourés de synonymes. Dans chaque ensemble, un intrus s'est glissé. Repère-le et associe-le à sa définition.

1

pâle		bistre
	BLÊME	
blafard		livide

2

tombe		caveau
	SÉPULTURE	
sépulcre		linceul

1 - .... : gris jaunâtre.

2 - .... : pièce de toile dans laquelle on ensevelit un mort.

Jeux

XI

La mort d'Œdipe

1 Culture générale

Certains dieux sont mentionnés dans l'histoire d'Œdipe, mais ils ne le sont pas tous. Saurais-tu, malgré tout, compléter ce tableau ?

DIEUX GRECS	DIEUX ROMAINS	« PROFESSION »
ZEUS	....	....
....	JUNON	....
....	MINERVE	....
CYBÈLE	....	....
....	DIANE	....
....	MERCURE	messager des dieux (il conduit aussi les morts aux Enfers)
HÉPHAÏSTOS	....	dieu des Forgerons, des Armes
....	VÉNUS	....
....	BACCHUS	....
HADÈS	....	....

Réponses aux jeux

I – Une naissance maudite

(page 108)

Jeu 1

1 - Delphes;
2 - Mont Cithéron;
3 - Thèbes.

Jeu 2

a - Moïse;
b - Romulus et Rémus;
c - Persée;
d - Zeus.

II – Un don du ciel

(pages 109 - 110)

Jeu 1

1 - gynécologie;
2 - polyandrie;
3 - androïde;
4 - androgyne;
5 - misogyne;
6 - hermaphrodite.

Jeu 2

Héra + paon + sceptre.
Apollon + corbeau + couronne de laurier.
Artémis + quartier de lune + biche.

Jeu 3

1 - Apollon; 2 - Artèmis; 3 - Corinthe
4 - Héra; 5 - Jocaste; 6 - Laïos;
7 - Mérope; 8 - Œdipe; 9 - Polybe;
10 - Thèbes.

III – Une prophétie tragique

(page 111)

Jeu 1

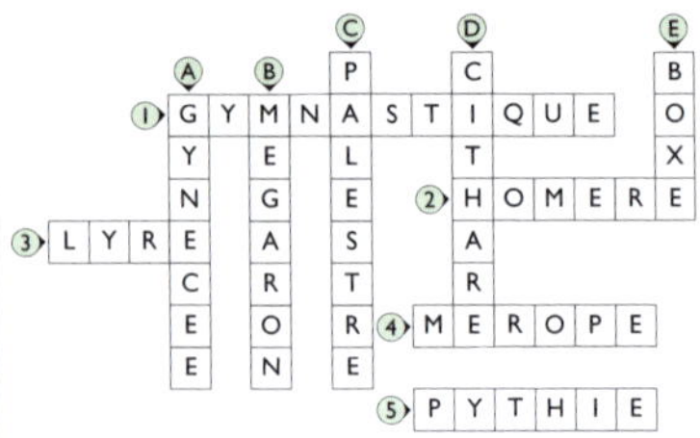

IV – L'énigme de la Sphinx

(pages 112 - 113)

Jeu 1

1 - c; 2 - b, c, f; 3 - e; 4 - a.

Jeu 2

1 : un gros papillon de nuit.
2 : un singe d'Afrique, également appelé mandrille dont la position évoque l'attitude du Sphinx mythologique.
3 : au sens figuré, un sphinx est une personne énigmatique.

Jeu 3

1 - Cerbère;
2 - L'Hydre de Lerne;
3 - Le Minotaure;
4 - Méduse;
5 - Le Cyclope;
6 - Les Harpies.

V – La peste

(page 114)

Jeu 1

1 - Zeus;
2 - Hadès;
3 - Artémis.

VI – Un assassin à Thèbes

(pages 115 - 116)

Jeu 1

O	E	X	Z	J	O	D	C	A	T	L
A	T	N	H	B	E	N	S	J	I	O
F	S	I	R	E	D	O	O	L	R	S
H	A	H	P	L	I	E	I	W	E	V
S	C	P	T	A	P	R	L	B	S	U
A	O	S	L	I	E	C	E	H	I	R
I	J	T	M	E	B	H	H	O	A	E
V	R	E	N	X	T	E	S	S	S	L
U	Z	I	L	N	O	L	L	O	P	A

Jeu 2
Tirésias.

Jeu 3
a - 2; b - 5; c - 1; d - 3; e - 6; f - 7; g - intrus; h - 4.

Jeu 4
1 - Ulysse;
2 - Calchas;
3 - Cassandre.

VII – L'enquête

(page 117)

Jeu 1

VIII – La vérité

(pages 118- 119)

Jeu 1
1 - b; 2 - c; 3 - a, b; 4 - c; 5 - c;
6 - b; 7 - a.

Jeu 2

IX – Œdipe mendiant

(pages 120 - 121)

Jeu 1
1 - F : il l'enferme.
2 - F : elles sont confiées à Créon.
3 - F : il les condamne à s'entre-tuer.
4 - V.
5 - F : deux jours de vivres.
6 - F : ils arrivent à Colone.
7 - V.
8 - V.
9 - F : il ne choisit aucun des deux.

Jeu 2
Romulus et Rémus.

Jeu 3
1 - Oreste ; 2 - Minotaure.

X – La colère d'Œdipe

(pages 122)

Jeu 1
a - 4 ;
b - 2 ;
c - 6 ;
d - 5 ;
e - 1 ;
f - 3.

Jeu 2
1 - bistre.
2 - linceul.

XI – La mort d'Œdipe

(page 123)

Jeu 1

Zeus	Jupiter	souverain des dieux
Héra	Junon	déesse de la Famille
Athéna	Minerve	déesse de la Sagesse
Cybèle	Déméter	déesse des Moissons
Artémis	Diane	déesse de la Lune et de la Chasse
Hermès	Mercure	dieu des Voyageurs
Héphaïstos	Vulcain	dieu des Forgerons
Aphrodite	Vénus	déesse de l'Amour
Dionysos	Bacchus	dieu du Vin
Hadès	Pluton	dieu des Enfers

Index des noms propres

Index des documents

Réalisation : Studio Primart
Coordination éditoriale : Françoise Troisième - Fellous
Corrections : Florence Richard
Numéro d'éditeur : 1146
Numéro de projet: 10087243 - (I) - (4) - OSBS 90° - D.L. Mars 2002
Achevé d'imprimer en France sur les presses
de l'imprimerie France Quercy à Cahors
N° d'impression: 20056